副刊文丛 主编 李辉 王刘纯

书犹如此

姚峥华 著

中原出版传媒集团
中原传媒股份公司
大象出版社
·郑州·

图书在版编目(CIP)数据

书犹如此 / 姚峥华著.— 郑州 : 大象出版社,
2018. 3
(副刊文丛 / 李辉, 王刘纯主编)
ISBN 978-7-5347-9520-6

Ⅰ. ①书… Ⅱ. ①姚… Ⅲ. ①书评—中国—现代—选
集 Ⅳ. ①G236

中国版本图书馆 CIP 数据核字(2017)第 235624 号

书犹如此

SHU YOU RUCI

姚峥华 著

出 版 人 王刘纯
项目统筹 李光洁 成 艳
责任编辑 管 昕
责任校对 牛志远
封面设计 段 旭
内文设计 杜晓燕

出版发行 大象出版社(郑州市开元路 16 号 邮政编码 450044)
发行科 0371-63863551 总编室 0371-65597936
网 址 www.daxiang.cn
印 刷 北京汇林印务有限公司
经 销 各地新华书店经销
开 本 787mm×1092mm 1/32
印 张 9.75
版 次 2018 年 3 月第 1 版 2018 年 3 月第 1 次印刷
定 价 39.00 元
若发现印、装质量问题,影响阅读,请与承印厂联系调换。
印厂地址 北京市大兴区黄村镇南六环磁各庄立交桥南 200 米(中轴路东侧)
邮政编码 102600 电话 010-61264834

“副刊文丛”总序

李　辉

设想编一套“副刊文丛”的念头由来已久。

中文报纸副刊历史可谓悠久，迄今已有百年。副刊为中文报纸的一大特色。自近代中国报纸诞生之后，几乎所有报纸都有不同类型、不同风格的副刊。在出版业尚不发达之际，精彩纷呈的副刊版面，几乎成为作者与读者之间最为便利的交流平台。百年间，副刊上发表过多少重要作品，培养过多少作家，若要认真统计，颇为不易。

"五四新文学"兴起，报纸副刊一时间成为重要作家与重要作品率先亮相的舞台，从鲁迅的小说《阿Q正传》、郭沫若的诗歌《女神》，到巴金的小说《家》等均是在北京、上海的报纸副刊上发表，从而产生广泛影响的。随着各类出版社雨后春笋般出现，杂志、书籍与报纸副刊渐次形成三足鼎立的局面，但是，不同区域或大小城市，都有不同类型的报纸副刊，因而形成不同层面的读者群，在与读者建立直接和广泛的联系方面，多年来报纸副刊一直占据优势。近些年，随着电视、网络等新兴媒体的崛起，报纸副刊的优势以及影响力开始减弱，长期以来副刊作为阵地培养作家的方式，也随之隐退，风光不再。

尽管如此，就报纸而言，副刊依旧具有稳定性，所刊文章更注重深度而非时效性。在新闻爆炸性滚动播出的当下，报纸的所谓新闻效应早已滞后，无法与昔日同日而语。在我看来，唯有副刊之类的版面，侧重于独家深度文章，侧重于作者不同角度的发现，才能与其他媒体相抗衡。或者说，只有副刊版面发表的不太注重新闻时效的文章，才足以让读者静下心，选择合适时间品茗细读，与之达到心领神会的交融。这或许才是一份报纸在新闻之外能够带给读者的最佳阅读体验。

1982年自复旦大学毕业，我进入报社，先是编辑《北京晚报》副刊《五色土》，后是编辑《人民日报》副刊《大地》，长达三十四年的光阴，几乎都是在编辑副刊。除了编辑副刊，我还在《中国青年报》《新民晚报》《南方周末》等的副刊上，开设了多年个人专栏。副刊与我，可谓不离不弃。编辑副刊三十余年，有幸与不少前辈文人交往，而他们中间的不少人，都曾编辑过副刊，如夏衍、沈从文、萧乾、刘北汜、吴祖光、郁风、柯灵、黄裳、袁鹰、姜德明等。在不同时期的这些前辈编辑那里，我感受着百年之间中国报纸副刊的斑斓景象与编辑情怀。

行将退休，编辑一套“副刊文丛”的想法愈加强烈。尽管面临新媒体的挑战，不少报纸副刊如今仍以其稳定性、原创性、丰富性等特点，坚守着文化品位和文化传承。一大批副刊编辑，不急不躁，沉着坚韧，以各自的才华和眼光，既编辑好不同精品专栏，又笔耕不辍，佳作迭出。鉴于此，我觉得有必要将中国各地报纸副刊的作品，以不同编辑方式予以整合，集中呈现，使纸媒副刊作品，在与新媒体的博弈中，以出版物的形式，留存历史，留存文化，便于日后人们借这套丛书领略中文报纸副刊（包括海外）曾经拥有过的丰富景象。

“副刊文丛”设想以两种类型出版，每年大约出版二十种。

第一类：精品栏目荟萃。约请各地中文报纸副刊，挑选精品专栏若干编选，涵盖文化、人物、历史、美术、收藏等领域。

第二类：个人作品精选。副刊编辑、在副刊开设个人专栏的作者，人才济济，各有专长，可从中挑选若干，编辑个人作品集。

初步计划先从20世纪80年代开始编选，然后，再往前延伸，直到“五四新文学”时期。如能坚持多年，相信能大致呈现中国报纸副刊的重要成果。

将这一想法与大象出版社社长王刘纯兄沟通，得到王兄的大力支持。如此大规模的一套“副刊文丛”，只有得到大象出版社各位同人的鼎力相助，构想才有一个落地的坚实平台。与大象出版社合作二十年，友情笃深，感谢历届社长和编辑们对我的支持，一直感觉自己仿佛早已是他们中间的一员。

在开始编选“副刊文丛”过程中，得到不少前辈与友人的支持。感谢王刘纯兄应允与我一起担任丛书主编，感谢袁鹰、姜德明两位副刊前辈同意出任“副刊文丛”的顾问，感谢姜德明先生为我编选的《副刊面面观》一书写序……

特别感谢所有来自海内外参与这套丛书的作者与朋友，没有你们的大力支持，构想不可能落地。

期待“副刊文丛”能够得到副刊编辑和读者的认可。期待更多朋友参与其中。期待“副刊文丛”能够坚持下去，真正成为一套文化积累的丛书，延续中文报纸副刊的历史脉络。

我们一起共同努力吧！

2016年7月10日，写于北京酷热中

目 录

书之事

书之悟

书之人

书之情

爱书人，为书而生

——《书犹如此》序

李　辉

姚峥华爱书，仿佛天生就为书而生。已经出版的几本著作，每一本的书名都少不了一个“书”——《书人·书事》《书人小记》《书人依旧》《书人肆记》……现在，又一本含着“书”字的新作——《书犹如此》，款款走来。

书名真好！

书名来自初安民。姚峥华叙述这个美妙时刻：

2016年暑天的一个夜晚，台湾《印刻》杂志总编辑初安民大哥和我在上海某大厦楼下聊天，他抽着烟，猛然一转身："你的下一本书名我想好了，书犹如此！"

书犹如此？嗯。他重重地点了点头。

东晋大司马桓温北伐中原，落败后以柳自比，"木犹如此，人何以堪"，被树荫下的安民大哥巧思置换为"书犹如此"。此刻我们刚刚做完一个读书会的活动，还沉浸在与书相关的信息中。"书犹如此，情何以堪吗？"我故意打起哈哈。大笑之余既而思之，却不得不缄默自省，书本面前，纸字面前，我们做的还不嫌少吗？

（《书犹如此》后记）

在台北曾与初安民先生聚过，印象中他喜欢烟酒，谈起书，情感颇深。不过，他一喝酒就醉醺醺，说好要出这本书那本书，第二天，便不再提起，早就烟消云散。这个书名，他却起得好，把姚峥华与书的融于血液的那份爱，或者那种幸福，感慨得淋漓尽致。2016年10月，我与胡洪侠、姚峥华夫妇在张掖河西学院相遇，谈到新一年的"副刊文丛"，我请她编选一本加盟。我问书名，她当即回答"书犹如此"。可见，自从那个夏夜之后，初安民想到的这个书名，一直撞击内心，令她难忘。

"好像等了一百年，就为了这一刻。"这句话看似有些夸张，可是，为书而生的人，幸福感不就是如此美妙吗？

这本《书犹如此》分为四辑：书之事、书之悟、书之人、书之情。所谓四者，其实哪里分得开？书里书外，字里行间，尽在其中。三十几年前，我刚毕业来到北京，在《中国青年报》副刊开设第一个专栏，起名为“人·地·书”，向唐弢、姜德明诸位前辈学习，尝试书话写作。几年后，承蒙姜德明先生不弃，该专栏结集为《人地书》由人民日报出版社出版。在扉页上，我写了一句话“文学大世界，无非人地书”。与之相比，《书犹如此》的四者归纳，更为贴切，更切入书与读者之间你中有我、我中有你的密切关联，这就远不是漫谈式的书话所能相比的。作者夫妇二人都酷爱书，家里书架多得让人艳羡。姚峥华写人写事写书，对作品感悟颇深，行文则活泼跳跃，她写熟悉的作者，对言谈举止的细节勾勒之妙，读来常常令人莞尔一笑。为书而生之人，幸福就在于此。

姚峥华在这本书中写到的不少人，大多熟悉，不是前辈，就是同龄人，读起来如同时间穿越，格外亲切。

在“书之悟”中，她写《“先看德刚”》。巧的是，前几天，我写“先生们”之董鼎山一文，第一节写的就是唐德刚。

“口述历史”这些年在中国渐成潮流，方兴未艾。

这一领域的开创者，非唐德刚先生莫属，他关于胡适、李宗仁、张学良等人的口述历史，已被视为经典之作。就读复旦大学期间，记得 1981 年，从美国归国讲学的唐德刚，曾来到我们学校，在大礼堂里为我们讲述他的写作经验。其实，那个时候还无缘读到他整理的口述历史著作，不过，他所提及的人物与历史、他的采访经验，让我这个学生茅塞顿开。本来就对历史感兴趣的我，第一次知道走进历史有许多途径。走进 20 世纪 80 年代，唐德刚的口述历史著作陆续引进出版，《李宗仁回忆录》《胡适口述自传》《胡适杂忆》《顾维钧回忆录》等，为我们打开了一扇敞亮的窗户，可以走进历史深处。唐德刚于 2009 年去世，董鼎山寄来一份复印件，是他 1989 年前所写的《我的朋友唐德刚》。他在复印件上写道："李辉老弟：此文写于 1989 年，30 年了，朋友提醒才知，原来刊在国内何一刊物，已忘了，后来收在《留美五十年》文集中。巧妙的是标题与近来一短文相同。"（董鼎山记忆有误，应是20年——引者）读此文，方知他们早在50年代的纽约就是熟悉的好朋友。

的确，对热爱历史写作的作者来说，唐德刚作品不能不读，所谓“先看德刚”，正是如此。

姚峥华写《原来他就是陈迈平》，她当然不知道，我与陈迈平、陈安娜真的有缘。1992年，我第一次应邀出国就是去瑞典，在几个大学举办讲座，逗留一个多月。在斯德哥尔摩期间，一次安排我住进学生公寓，走进房间，我们两个人对视良久，他说我们好像见过。一说名字，原来他就是陈迈平。出国之前，他在中央戏剧学院图书馆工作，我因为与张辛欣熟悉，曾去学院看戏，参加过座谈会。此时，他刚从挪威来到瑞典不久。我们海阔天空聊得很深，也很开心。应瑞典南部隆德大学罗斯教授邀请，我要前去几日讲课。迈平说他的太太孙安娜是罗斯教授的博士生，正在隆德大学。在隆德大学，我见到安娜，她是瑞典姑娘，已怀孕，依然美丽。隆德之后，我还要去丹麦哥本哈根大学做一次讲座，通过陈迈平我联系到北岛，他住在丹麦另外一座城市，帮我在哥本哈根预订了一个家庭旅馆。漂泊在外，巧遇就是如此这般来临，不能不感叹当年这些温馨时刻。

回到北京，11月收到迈平来信报喜，寄来安娜与刚刚诞生的孩子的合影。此时的安娜的签名还是“孙安娜”，后来，随迈平姓改为“陈安娜”。那几年，我们时常有信和贺年卡往来。我们夫妇再去斯德哥尔摩，联系迈平，他总会赶来见面。我们上一次见面，应该是1998年夏天。他们家已搬到远郊，我们请朋友开车前往他家相聚，这时，他们已有三个儿子，都漂亮可爱之极。一转眼，20年过去，孩子们应该大学毕业工作了。这些年，安娜翻译莫言作品，功不可没，而陈迈平多年关于诺贝尔文学奖的报道，我也时常拜读。读姚峥华书，忽然想到多年未见的老友，也是爱书之人带给我的机缘。

能为姚峥华这本《书犹如此》写序，在我十分乐意。

她曾经写过我，写过我的恩师贾植芳。去年秋天，他们夫妇在甘肃张掖的河西学院图书馆，细细观看贾先生捐赠的图书，一本一本挑出签名本，其情感人至深。回到深圳，姚峥华所写关于贾植芳落户河西学院的长文，读过的人都为之感动。我是贾先生的学生，能有这样好的朋友热爱先生，关注河西学院“贾植芳讲堂”，怎能不为之高兴？

书犹如此，其情感人。

为书而生，姚峥华是也！

完稿于 2017 年 2 月 22 日，雪后，北京看云斋

书之事

沈公的段子

那晚，星光熠熠。

沈昌文沈公，扬之水水哥，汪家明汪社，俞晓群俞老板，还有后来赶来的郑勇勇总……圆圆一桌堪比电视上正在上演的《偶像来了》。女神林青霞红衣走T台算啥，俺们水哥可是头顶洋式小草帽，身骑老式二八自行车，一路身手敏捷逆道而驰，迎风望去，那方英姿飒爽，啧啧。

沈公照例居首，他选择性眼观六路耳听八方，唯对满桌美食手不留情。席间，吃得高兴的他便倚老卖老讲了个笑话。今年3月他要出国度假两个月，行前与各方老友聚别，扬之水有事参加不了，电话里说回来再“与他……”，沈公戴着助听器，“与他……”啥？他奋力地听，仔细琢磨，“结婚”？这真是奇怪得不得了，大半辈子过去了，怎么突然想起来“结婚”？寻思半天才晓得是“接风”。“唉呀，让我心里七上八下好一阵子……”沈公怕我听不清，嗓门特地大起来，我隔座的扬之水唯有含笑不语，听任他兴致勃勃地讲。估计沈公这段子已在多处场合演绎过，每次扬之水都不接他茬儿，由他去吧。两人的交情，自20世纪80年代《读书》编辑部至今，延绵30多年，如老酒般醇香绵实。

看《〈读书〉十年》，扬之水日记里“老沈”几乎天天出现，有吃有喝有编辑心得，也有四下拜访天南地北的作者书友出版界同人。随手翻开一页，即有记载：“午间朱学勤做东，请我和吴彬还有郑逸文在美尼姆斯吃饭……将散席，服务员送过来两封信，说是靠门那一桌的先生吩咐的。原来是老沈在弄神弄鬼，他已经吃完了，又过来坐了一会儿。”“老沈清早打电话来，说他忽生奇想，总结出编辑三要诀：一厚黑学，二皮毛学，三抄袭学。”“北图贵宾室，老沈没有讲稿，也没做什么准备，只是进入会议室之前，才看到演讲题目——去年的读书和今年的读书，于是现场发挥，讲了一个多小时，挺精彩。”“今年接到的第一个电话，是老沈的，说接到唐思东的电话通知：出版署已有文，决定老沈退休。去年的最后一个电话，也是老沈的，说已向李学勤言调动事，嘱我尽快寄去简历。”……出版的日记写到1996年，老沈退休，扬之水也调往社科院文学研究所工作。

沈公眼里的扬之水，也蛮有趣。他说当时她年轻，便经常派她出去取稿，实际上是做“交通”。更令人意外的是，她所交往的作家、学者，对她反映奇佳。最早是金克木先生。某次去取稿一篇。金老交来五篇，都请她代为处理，他对扬之水在文化上的信任，竟如此。此外谷林、张中行、徐梵澄等，都对她极有好评。张中行先生对扬之水有深刻的印象，居然说：不避自吹自擂之嫌，一生没有离开书，可是谈到勤和快，与她相比，就只能甘拜下风。“作者和编辑的交往到如此莫逆的程度，实为我毕生所仅见。我到了多年以后才知道，她是把同作者的联络当作一种‘师从众师’，所以十分得益。”扬之水到社科院从事名物研究，用考古学的成果来研究文学作品，著述迭出。“我不大能看懂她的论著，人们问起，我往往回答说：她现在在开文化卡车。”

沈公说的是扬之水在文化大道上驶行不休，畅通无已。高兴之情也溢于言表。尽管不在一起工作，互相的惦记却是公开的。自20世纪90年代至今，他们的合作并没有停止，单与出版界的朋友如俞晓群、陆灏等共同策划的文丛集子，就有很多很多。我这区区小辈偶尔从深圳边陲小城不远万里赴京的几次局子中，也都有幸与“老沈”“水哥”共聚首。

1996年至今也近20年了，不知扬之水的日记还继续否，或许她后来的“日记”中，“老沈”并没有断篇，依然“弄神弄鬼”，比如今年的这一则段子。

（2015年10月25日刊登于《深圳商报》）

萧红的四则遗愿

一直追看《新文学史料》刊登的季红真整理的《萧红年谱》，从 2014 年 9 月的《萧红年谱（上）》，到 2014 年 12 月的《萧红年谱（中）》，直至今年 3 月的《萧红年谱（下）》，总算齐全了。

其中有这么一则，“1942 年 1 月 12 日，萧红向端木安排自己的后事：首先，最担心自己的著作被随意删改，要求端木全权保护，并且要为版权事立字据，被端木阻止。其次，则是将来把自己安葬在鲁迅墓旁，目前，先用白绸子包裹自己的尸体，埋在面向大海的风景区。再次，让端木将来去哈尔滨，找到自己和汪恩甲的孩子。最后，是商量以《呼兰河传》的版税酬谢骆宾基”。读毕心塞。

季红真是萧红研究专家，她所著的《萧红传》相当出名，这份《萧红年谱》真实度高。四则遗愿，最后如何？其中没有交代。

随着萧红病逝，当事人只剩端木蕻良，他也于1996年去世，比萧红晚54年。

很多人不能原谅端木，包括萧军、骆宾基、聂绀弩、舒群、白朗、罗烽……梅志曾经写过《忆萧红》，“四月中旬诗人一家回到了武汉，带来了萧红的信，说是已怀孕，和萧军分开了。诗人说她已和那位友人D君（端木）在一起。呵，明白了，原来如此。这个第三者的闯入，使他们本来有裂痕的共同生活，彻底破裂了，这只能是萧红精神上的一种对抗，现在这能是真正的爱情吗？也许仅是想转换一下生活对象罢了，做得似乎是太冒险了，我为萧红担心！”写到战争爆发，“时间已是深秋了，男的穿着他常穿的咖啡色夹克，像过去一样斜着肩低着脑袋在街上走着，相隔两米远的后面萧红也低着头尾随着。不知道他们关系的人，只当是两个路人呢。知道的也可以认为他们不和刚吵了架哩！”这是梅志眼中萧红与端木的关系。

去年《黄金时代》热映，萧红又回归大众视野。传记作家李辉跟剧中许多人物都有过交往，胡风、梅志、聂绀弩、萧军、端木蕻良、骆宾基、丁玲、白朗、罗烽、舒群……关系或疏或密。他到深圳做了一次关于萧红的讲座。在他眼里，萧红是“寂寞而零乱的灵魂”。

胡风的孙子张本说，《黄金时代》的片名取自萧红在日本写给萧军的信。但李辉翻出了一个条幅，是端木蕻良1985年送给他和应红新婚的贺词，题写的便是“黄金时代”。这或许是冥冥之中的一种巧合。

提及端木，李辉认为，在战火纷飞的年代，他能举行与萧红的婚礼，承受的亲友压力和社会压力可想而知。在日本人攻占香港的情形下，一个文弱书生奔波于不同医院间，谁又能说，那一刻，他只顾自己，而将病危中的萧红弃之一旁？

“1 月 22 日萧红病逝，随后部分骨灰安葬在浅水湾丽都酒店花坛里，1957 年迁至广州银河公墓。1992 年萧红青丝冢落成于呼兰西岗公园内。”《萧红年谱》如是记载。

萧红遗愿第一条所涉及的版权，曹革成在《我的婶婶萧红》中写道，萧红生前出版了 10 本书，除馈赠给她弟弟、萧军、骆宾基的 3 本外，其余都属于端木蕻良，1949 年之后，端木把这些书全部捐给了人民文学出版社。

遗愿第二条，萧红没葬在鲁迅墓旁，倒是端木 84 岁去世前留下遗愿，要把自己的部分骨灰撒到萧红在香港的另一半骨灰的埋葬地。隔年他的夫人钟耀群实现了这一愿望。

遗愿第三条，萧红和汪恩甲的孩子，没有下落。

遗愿第四条，学者章海宁提到，骆宾基后来到桂林上海杂志公司索要版税，桂林上海杂志公司虽然认可他的说法，但最终没有支付（原因不详）。

（2015 年 4 月 26 日刊登于《深圳商报》）

日记也真实吗

坊间说，读传记不如读年谱，读年谱不如读书信，读书信不如读日记……这也是近年来自己的阅读轨迹。支点一个——基于真实。

传记是二次生成，经过笔者个人的体会和理解，流诸笔端再呈现给读者，如周良沛的《丁玲传》，金梅的《傅雷传》，陈夏红写老师江平的《八十自述》，王亚蓉编的《沈从文晚年口述》，都在忠实传主的基础上编撰而成，但实际上属于“编撰者的再制造”，有编撰者的个人烙印。自传与他传又不同，钱理群的《我的精神自传》，便是自为自精神脉络的梳理，与他人无涉。年谱相对于传记，真实性且进了一步，生辰履历如何，大体清晰。当中难免有些大事记会跳开略去，形成模糊地带。如季红真的《萧红年谱》，因为检索难度极大，有些痕迹无处可寻，只能留憾。书信于年谱，可信度又前进了一步，如《傅雷家书》、《胡风家书》、《张大千家书》、张兆和的《与二哥书》……书信者本人亲笔记录，文章有上下文关系，除非后人编辑时涉家庭隐私及需避讳的言行略作削删，基本能保存原貌。日记相对于书信，时间、地点、人物、事件，甚至天气等要素都记载清楚，如《汪东兴日记》《溥仪日记》等。

名人日记一经公诸社会，便具文献价值。然而对其真实性的认可，最近读了陈学勇写的《陆小曼何故如此——校读她的两种版本日记》(刊于2015年第一期《新文学史料》)，却有了动摇。

陈文写道，《爱眉小札》单行本发表时，陆小曼将自己的20篇日记收编到书里。出版后大受欢迎，成为很多学者必读之物，乃至研究胡适、林徽因、凌叔华的专家都要参考。2009年三晋出版社出版虞坤林所编的《陆小曼未刊日记墨迹》（下称墨迹本），发现与已刊的《爱眉小札》（下称爱眉本）有很大出入，陈学勇对照并做了归纳：爱眉本作了数量可观的删削，增写，日期变动，文字和内容改动，20篇中几乎篇篇可见。“1925年3月20日日记，全篇不足两千字，除第一段二百余字还算内容相同，其余竟删去千余字，又另写了千余字。这样同一天日记而内容判若两篇者，还有1925年4月18日，5月14日，6月21日……”“有的内容本来不乏研究价值，删去倒是可惜。就情爱的狭义概念，林徽因究竟是否爱过徐志摩，学界持不同观点，墨迹本被删去的文字倒为持否定一方提供了有力的新材料。看1925年3月15日所删：‘咳，若是他曾经没有看得起我，现在我何必要他爱我？况且他亦爱过她的，人家多不受’……”

陈学勇分析，陆之所以删改日记，一是为人避讳；二是为自己遮掩或粉饰；三是想有点文章样子，因而作大量的文字润色；四是想丰富日记内容；等等。

名人日记出版时内容有所删减已不罕见，但不应改动。删节处出版者有义务做些交代，比如此处略去多少字，或是涂黑，以求日记的大体完整，不失其基本面貌。季羡林出版《清华园日记》时，日记中记录了自己在战争到来时贪生怕死的心理，甚至还有性幻想的心理，有人建议改动，季老不同意，表示“一个字也不改”。华东师范大学出版社出版的十卷本《夏鼐日记》：“5月25日星期六上午所中整风运动开会，有陈梦家、徐旭生、黄文弼、安志敏诸同志发言，我也指出了前年那次院部决定取消考古所、并入历史一所议案手续方面的错误。……”压力之下，考古学家仍用尽量简洁的笔墨保存了历史事实。

坊间出版的名人日记、年谱、书信，真与伪，一时间还真蒙蔽了不少读者。

（2015年4月12日刊登于《深圳商报》）

一团乱得很美的线圈

纳博科夫在剑桥做鱼解剖实验时，徐志摩正对着剑桥的康河咏叹“在康河的柔波里，我甘心做一条水草”，《再别康桥》日后成了经典，年轻的徐志摩并未料到。他俩可能在三一学院或国王学院的路上擦肩而过。纳博科夫闲时会去莫德学院找燕卜荪，他们免不了谈论当红的艾略特，尽管《剑桥评论》批评艾写的是“似诗非诗”的东西。燕卜荪后来到中国西南联大教英国文学，他理所当然把艾略特、奥登这些诗人介绍进大学课堂，王佐良、李赋宁都是他的学生。徐志摩一开始瞧不起同在剑桥的弗吉尼亚·伍尔夫的作品，几年后她一跃成为大红大紫的现代主义小说家时，徐志摩修正了偏见，想方设法采访她。剑桥当时还有两个宠儿，一个是诗人鲁伯特·布鲁克，他人美诗美，叶芝说他是英格兰最英俊的小伙子，伍尔夫忍不住夸耀曾在月光下与他一起裸泳；另一个是著名诗人郝斯曼，他也是三一学院的院士，教授拉丁文学，从来是紧皱眉头穿越校园。剑桥裸泳大有人在，之一是李约瑟，他以裸泳协会会员为荣，在徐志摩的“康河”里畅游。李约瑟与妻子桃乐希及情人鲁桂珍的三人故事，在学术界流传很广。究竟他对中国的热爱，源于他对一个中国女人的爱情，或是他由于痴迷中华文明而爱上了这位女性，完全是一个罗生门的桥段，那部多卷本的《中国科学技术史》，至今仍改变着世界文明史的书写。名流与风流，总如影随形。同在剑桥读书的贝尔纳，实行开放婚姻，后来与所有情人吵翻了，无家可归，只得到妹妹家求宿一夜。毕加索是他的铁哥们儿，曾酒后在其客厅画了一幅壁画，后被一家医疗慈善机构收藏，值25万英镑。贝尔纳除了风流，还以X射线晶体学实验室闻名世界。贝尔纳和李约瑟的共同朋友还有沃尔顿，他是剑桥左翼科学家圈子的核心人物，写过《科学的态度》，惹得哈耶克在《通往奴役之路》中对其大加批判。校园众生中，巴勒特也很著名，他从文学转向历史和国际关系，20世纪60年代当过英国副首相。更著名的是普利斯特利，纳博科夫剑桥时期的重要朋友，他曾在BBC主持节目，家喻户晓，后成为易卜生式的写实主义剧作家。也就是他，被纳博科夫冠以“奈斯毕特先生”（NESBIT），成了这一团乱得不可开交的线圈最初的那根线头。

这团线圈，即是刘禾的新书《六个字母的解法》，她以一个点——试图解开纳普科夫书中的“NESBIT”这个人物的原型，一路跨地域跨疆界跨宗教跨民族跨性别跨时空跨学科，以侦探的方式，破解各种人物错综复杂的关系。我从书中理出了以上的人物图，貌似把缠绕的乱麻梳理成几个圈圈。

刘禾说，她在创造一种新的写作方式，不同于学术研究，又不同于小说虚构，而是一个综合多重叙事元素的写作。我更愿意把它看作一个文本试验，一根线，缠绕出无数个圈圈，交叉互连，首尾相望，最后烩成一锅信息量密集的粥，五味杂陈。

遥想起2007年，苏州博物馆举办的冷冰川画展。那次场面巨大，与会的有李陀、刘禾夫妇，王鲁湘夫妇（当时他的太太刚生病），董秀玉、宁成春，祝勇、师永刚、许戈辉、李敖的女儿李文……还有很多画家，如张仃弟子周晚峰。我们在陆文夫生前推荐过的“张生记”吃完午饭，出门，陀爷一脸茫然地说他还得去办理挂失手续，下飞机后，发现银行卡什么的都丢了。我惊叫了声：啊，全丢了？旁边站着刘禾，短发，瘦小，煞是淡定从容不迫。镜片后的眼睛，若有所思。后来经常在《读书》上看到她的文章，时不时点赞。这次《六个字母的解法》由“活字文化”引进出了简体版，我翘班一天不停顿地读完。

（2014年8月12日刊登于《深圳特区报》）

关于托尼·朱特，你懂了吗

按说，托尼·朱特不是我的菜。

他复杂、厚重、深邃、尖刻，甚至藐视一切。

他的作品无非各种思想、制度、政党、理论、宗教以及不同时期的立场、文化、观点、语境、诠释……通篇述语之繁杂逻辑之密实，翻一页都要停留半天，看得脑瓜子直疼，自信心荡然无存，所以当《京华时报》的王梦菁编辑约稿时，我就想，是拖呢还是不拖呢？

能略知其一二的，除非政治学史学家或是思想史研究者，如蒂莫西·斯奈德之类。

斯奈德在托尼·朱特生命最后时刻，与之对话，最终完成其思想自传《思虑 20 世纪》。

也就是这一本，让我开始静下心来，尝试着像远房亲戚似的，饱含深情地到托氏豪门走一遭，过过眼瘾。

一

打动我的，不是他获奥威尔终身成就奖时的官方评价——“智慧、洞察力和非凡的勇气”，这些形容词当然都对，也不过是一堆废话，形容他实在轻飘无力（如果不是颁奖时的 2009 年正值命在垂危中，没有自主能力，估计他未必接受这个奖项。此当后话）。我关注的是，一个思想天才，在 59 岁这个人生还不算长的宝贵年龄（从学识、经验论）突然遭遇了飞来横祸——2008 年 9 月患上了渐冻症，一种罕见的“肌萎缩性侧索硬化症”（ALS）（和霍金一样），其后一年多里身体及四肢渐渐丧失了机能，各种器官一步步衰竭，直至生命走到尽头。这是何等酷刑，让亲历者一点一滴倒数自己生命时光，欲罢不能。

原本是等待死亡的时刻，他却凭超强的毅力，完成了最后三份于人于己的“遗言”：《沉疴遍地》《思虑20世纪》和《记忆小屋》。托尼·朱特的书，皆由上海三辉图书引进，自2007年出版了《责任的重负：布鲁姆、加缪、阿隆和法国的20世纪》，2010年接着出版《战后欧洲史》，2012年出版《沉疴遍地》，2013年出版《记忆小屋》《重估价值：反思被遗忘的20世纪》，2014年出版《论欧洲》，2016年出版《思虑20世纪》。其中《重估价值：反思被遗忘的20世纪》2013年被评为“深圳读书月十大好书”。为他带来盛大声誉的，是耗时十年之久的《战后欧洲史》，被认为是无法超越的史学著作，也因此于2007年获汉娜·阿伦特奖。严搏非先生主政的三辉，凭屡出佳作的“智慧、洞察力和非凡的勇气”，获得2015年深圳读书月年度致敬出版机构（从这一层面讲，三辉托了托尼·朱特的福；而祖国大陆读者则托了三辉的福）。

2010年托尼·朱特于曼哈顿家中辞世。他料想不到，自己的精神光辉正越来越璀璨，如佛光普照大地。

回到《思虑20世纪》，书以两条主线进行，一条主线是每一章节前面部分由托尼·朱特自叙，回顾一生各个阶段的学习生活，包括婚姻和家庭；另一条主线是斯奈德与他的精神对话，关于欧美现代政治理念之局限，以及知识分子在政治上道德失败的沉思及反省。简言之，是个人传记与历史思考的无缝对接。

这可是一条生龙活虎的生命。托尼·朱特生于1948年，14岁时开始读托洛茨基传记，差不多同一年开始阅读马克思著作，如《资本论》《雇佣劳动与资本》《共产党宣言》《反杜林论》等，比同龄人几乎早了五年。18岁，他已然成为剑桥一名本科生，与雅基恋爱，她成为其第一任妻子。22岁到巴黎高师攻读研究生。也就是说，20岁左右，托尼·朱特已基本经历了犹太复国主义、马克思主义和社群主义定居生活“从信奉、跟随到放弃的全过程”，这让他对各种政治与主义开始抱有一种审慎的态度，他对斯奈德讲：“在巴黎，尽管我尽了一个学者该尽的本分，写了论文，找了出版社，并寻找新的研究领域。但我不知道方向在哪，对如何成为一名历史学者或它意味什么都没有一个清楚的认识。”

24岁，托尼·朱特完成了博士论文，在他的同龄人刚认识了他们的研究生导师，并被鼓励寻找新的兴趣点和新方法时，他已经是一名在校教员了。1978年，年届30的他结束了第一段婚姻，同时与帕特里夏·希尔登相爱。在她的影响下，托尼·朱特在对新社会史的批判中破例讨论了女性的历史，而实际上他对这一题目相当无知。“我们的关系从一开始便是错误的。它迫使我陷入了智识上的不诚实。之后七年间，我在英国、美国之间来回穿梭。”这是令人扼腕的第二段婚姻，他们于1985年分居。他回到理想的单身生活：一辆车、一个装满衣服的箱子、刚好够用一个夏天的钱和一幢房子。愉快极了。

而这期间（1979年），托尼·朱特发表了一篇长文《穿华服的小丑》，对社会史中的流行趋势进行了批评。此文遭到抵制，倒不是因为文章中的争议性内容，而是因为它“指名道姓”。事隔多年后，托尼在与斯奈德交谈中清醒地剖析自己，在剑桥和巴黎，社会主义不只是他的一个政治目标，也是他的学术研究的领域。“穿华服的小丑”呈现了他早期所受训练的所有成果，展现出了智识上的机敏，在寻求证明社会史已穷途末路的过程中，他可能不经意地证明了自己那时候的方法的局限性。东欧对他敞开了一个新的主题和一个新的欧洲，不过它与他视角上的根本转变和成熟刚好同步。

1987 年，39 岁的托尼·朱特离开牛津，到纽约找了一份工作。于他而言，纽约是特别的，在那之前，整个成年生活在剑桥、牛津、伯克利。纽约更类似于欧陆模式，而非英美模式。城市里最重要的对话并不是在学院围墙后面的学者之间进行，而是在整个城市范围展开广泛的思想和文化论争。在这个意义上，“待在纽约，我仍像个欧洲人”。1989 年 12 月罗马尼亚齐奥塞斯库垮台，托尼·朱特决定要写一本书（即《战后欧洲史》）。1992年，他成为纽约大学历史系教授，而后，与珍妮迎来了第三段婚姻。47岁时，他在纽约大学建立雷马克研究所……

他什么都超前，童年时期阅读超前，学生时代智识超前，学者期间认识超前、思想超前、理论超前、写作能力超前……“因为是独自航行，我缺少代际性的方位感，所以我会不止一次地抗拒我自己这一代人的癖好就不足为怪了。”种种超前，让他的人生过早地经历了该经历的一切。

“每个周四，我都搭乘上午8点50分的火车，会面安排在上午11点。”当时托尼·朱特还能行走，他站在门内欢迎斯奈德。很快，他便在客厅的一把扶手椅上欢迎他了，到了春天，他的鼻子和大部分头部都被呼吸机罩住，肺已不能工作了。到了夏天，在他书房里碰面，托尼·朱特只能在一架高大的电动轮椅上俯视着斯奈德。“目睹这一毁灭过程着实让人难过。”长达数月的对话，记录下了托尼·朱特最后的声音。他说：“历史就是糟糕的事情一件接着一件堆起来。”

上帝让时钟停摆了，在这位人文学术界“霍金”62岁的思想黄金年龄。

二

历史确实不再可爱，对生命末期的托尼·朱特而言。

“我们知道各种东西的价钱是多少，但对它们的价值几何却一无所知。我们不再质疑一项司法判决或立法行为：它善吗？公平吗？正确吗？它会带来一个更好的社会或更好的世界吗？这些问题曾经是根本的政治问题，尽管它们不能轻易回答。我们必须再次学习提出这些问题。”

“我拥有的是什么样的过去呢？当我躺在黑漆漆的夜里，脑子里形成的历史小故事和以往我写过的所有东西都不一样。我正迅速地失去对语词的控制能力，尽管它们已经是我和世界仅存的联系。它们依然以无懈可击的秩序和未曾缩减的力量存在于我沉默的思想中——我内心的世界一如既往地丰富——但我已不再能够轻松地将它们讲述出来。”

……

现在看来，这些声音，与其说是思想火花，不如说是他与病魔抗争的最佳良药，让他得以暂时忘却无处不在的身心困扰和疼痛。

处在危境中的他却忧虑地提醒我们所处的另一个危境，“如果我们认为我们知道错在哪里，那么，我们必须根据这个知识行动起来。我们需要对我们以经济为驱动的思想方式表示不同的意见，我们急需回到那种道德上知情的公众对话”。正是这种思想深处的迫切和忧虑，促成了《沉疴遍地》。

也正是病中那些不眠之夜，朱特一次次走进《记忆小屋》，检索和整理自己一生的回忆。

而早些年，他一直凭着尖锐的自由主义批评文风备受尊重，那些超凡脱俗的作品，为他赢得“知识分子中的知识分子”的美誉。

比如《未竟的往昔：法国知识分子，1944—1956》，他在里边残忍地剖析了几位在法国如被众星捧月般的左翼知识分子，如萨特、加缪、波伏瓦、埃马纽埃尔·莫尼斯等人，对其战后道德立场进行批判性研究，对知识分子独立性命题做深度考问，也对战后法国左派热衷共产主义做一种自觉反思。“我着手要写的是一份关于一个民族性弱点的个案研究，在政治和伦理上惊人的前后不一，这种前后不一是法国知识分子对极权主义兴起的典型反应。”书界评述它是一本以全新的视角重新看待法国左派知识分子的传奇。

作为该作品的延续，托尼·朱特在1998年又出版了《责任的重负：布鲁姆、加缪、阿隆和法国的20世纪》，这次他关注的是布鲁姆、加缪、雷蒙·阿隆——萨特们的对手。这本书可能比他任何一部作品都更能把握他是谁、他在做什么。

实际上，同时进行的是他在为更大范围的公众写作，“越来越感兴趣写那些所钦佩的人，而不只是那些只让我有批判乐趣的人”。他动笔写加缪，写汉娜·阿伦特，还有很多20世纪思想家的长文。他后来跟斯奈德抱怨，蔑视阿尔都塞，嘲弄马丁·艾米斯和贬低吕西安·戈德曼只是小事一桩，要宣称加缪是伟大作家，柯拉科夫斯基是杰出哲学家，普里莫·莱维是伟大的大屠杀回忆录作者，这也还是容易的，但你要想准确地解释这些人为何如此重要，产生了什么影响，则要多费一些周折了。这些文章的结集，便是《重估价值：反思被遗忘的20世纪》，在这本书中，他开始在谴责之余学会了赞美。

他跟他们同属一代人，但他从未真正成为他们当中的一员。

之后他全身心投入了《战后欧洲史》，这是一部全面展现战后欧洲社会、政治、经济、文化复杂面貌的巨作，被认为具有“百科全书式的视角”，是“关于战后欧洲历史的最佳著作”。托尼·朱特后来解释：“我最初决定写这本书，是在维也纳主要的火车站——西站——换车时。那是1989年12月，恰逢其时。在布拉格，哈维尔的“公民自由论坛”的剧作家和历史学家们正在强行去除一个‘真实存在的社会主义’。几个星期前，‘柏林墙’出人意料地拆毁了……一场政治地震动摇着第二次世界大战后冻结的地缘政治结构。”他告诉斯奈德，此书只有两个目的：一是让读者理解为一场社会民主运动，而非“60年代”。不要将东欧视为某种陌生的俄国共产主义边陲，而视为一个单一的欧洲故事的一部分。二是写一部成功地将文化和艺术囊括在内，而非将它们赶到一个脚注或是附录里的历史。

写法与波兰作家诺曼·戴维斯的《欧洲史》不同，托尼·朱特批评戴维斯，“他的鸿篇巨制带着欲言又止的暧昧其词，作者本人轻率地闯荡入了历史叙事”。然则，昆廷·斯金纳在20世纪60年代写了一系列重塑观念史方法论的精彩文章，他证明了，如果你忽视了将观念放在它们的语境当中，那么这样写出来的思想史会多么不合逻辑。其实，托尼·朱特自己在写史上也常犯这方面的毛病，但他的解嘲方式是，在场需要一定程度的介入，这是不带感情的学者所缺少的，“我认为这是人们在形容我的作品‘自以为是’时所指的意思”。一个没有自己观点的历史学家不会太有趣。尽管如此，戴维斯后来对《战后欧洲史》的评价是，朱特“对捷克斯洛伐克特别在行”。

像抢救自身文物，赶在终结之前转移到安全心仪的地方，托尼·朱特算是尽力了。

然则，面对这一本本被众多出版商抢着出版了又出版的经典之作，他那双犀利的眼睛，隔着厚厚的眼镜片，似乎一味嘲讽着——你们面对的不过是一些二手文献，不过是一个经过翻译的新闻频道而过滤的托尼·朱特的立场，不过是一个脱离了时间背景、环境背景，甚至语境背景，把书稿装进手提箱，漂洋过海进口到你们面前的一份关于托尼·朱特的思想“遗嘱”而已。大可不必，人云亦云的，附庸风雅似的，愣啃得脑瓜子疼。

三

就算如此，脚已经迈进大门了，又怎能逃了出去呢。走亲戚不就得有走亲戚的样吗。

跟着他，我试图进入 1870—1910 年那一代欧洲知识分子的精神世界，或是20世纪30年代奥登笔下卑下、虚伪的十年，或是20世纪70年代期间，史学界、思想界洋溢着的各种制度、政党、社会理论的海量名词中……

小心各种标签。这是托尼·朱特一贯的学术态度。我分明看到很多熟悉的名字。这些名字在他的叙述下，又分明带着各种标签——

二战之后，法国知识分子写作中有男性气概的现实主义明显增多，萨特则将占领比作性爱，德国人强暴了法国人，这是存在主义所隐含的硬汉立场。

哈维尔思想根底的明显匮乏对他是有利的，他把现象学引进了捷克。

米兰·昆德拉，他的许多玩笑用的便是一种巴黎腔，用捷克的女人和蛋糕，旁征博引丰富了西欧。他将波西米亚献给了西方，无论是地理上还是风格上。像昆德拉这样聪明的作家也被卷进了信仰、信念和一个更宏大的集体叙事中，在这一叙事中，他们自己和他人的自主权都是次要的。

五六十年代法国“新”小说兴起后，小说便被不循规蹈矩的语言殖民了，如《芬尼根的守灵夜》。

……

有三个重要的叙述和认知，这里必须重点出示一下。一个是关于托尼·朱特的犹太身份。一个是身为历史学家对历史写作的看法。还有一个是他如何看待乔治·奥威尔和阿瑟·库斯勒。

关于以色列。在托尼·朱特看来，以色列的行为是一种受害叙事的政治利用。一个处在危险区域里的无足轻重的蕞尔小国，操纵着世界上最强大的国家以获取自身的利益，而损害其保护人的利益。带来怪诞而扭曲的地缘政治后果的，是什么样的西方故事？美国犹太人习惯并偏爱诉诸一个更古老的故事，一个关于逃离故土，抵达新家园的故事。在新家园里，过去的身份变得无足轻重了。为此，他告诉斯奈德，利昂·维泽尔蒂尔下了著名的论断，即他显然是一个这样的犹太人，将过多的精力花在纽约的宴会上，倾听人们对以色列的批评，并对自己与以色列的关系深感尴尬，试图与之保持距离，“这是一种奇怪的误解。一方面，我对这个国家没有认同，另一方面，我也没有因为我的犹太性而感到惶惑或不安全。我将自己视为局外人，这始终是一个发现自我的安全甚至舒适的位置。所以我肯定不认为自己是勇敢的，但比我所认识的一些人更为诚实和坦率”。

这是他第一次如此清晰地阐述自己的立场。

关于历史写作。托尼·朱特认为，一部好的历史作品，能够感觉到历史学家的直觉在起作用，而你自己是否掌握这些史料则并不重要。一种准确的杂乱无章，比优雅的诺言更接近于真实的生活。但在戳穿政治上的不实之词的同时，我们仍然有义务让一切各归其位：一条叙事线索，一个前后一贯的解释，和一个易于理解的故事。其一是始终对局内人抱有一些怀疑，包括他们的文献、方法和传承的做法。“熟悉也有自己的困境。历史学家可能会让传记性的洞见影响其冷静的分析。”说到记忆与历史的关系，他比喻记忆更年轻，更容易引诱别人和被人引诱；历史像政治上的壁花，是一本留在架子上的书。

关于阿瑟·库斯勒与乔治·奥威尔。托尼·朱特的看法也与众不同：如果有一场奥威尔与库斯勒之间的较量，在他们之间决出谁是用英语写作的最重要的政治知识分子，我会跟多数人不一样，将库斯勒排在奥威尔之前。在我看来，奥威尔的作用体现在两个层面，高的一面和低的一面。低的一面是他对英国的特殊性即英国的阶级和幻想的洞察入微；高的一面，他毫无疑问是关于极权主义的最优秀的英文小说家，尽管他的作品还没有达到俄国大师级作品的层次。在《动物庄园》《1984》中，极权主义的典型特征得到了描摹，其目的是指明那些以我们时代的信仰、幻觉和权力为代价换来的宏大教训。

而库斯勒所处理的是既非细小层面也非宏大层面的问题，他所擅长的是中间层面，他的兴趣不在描绘意识形态的模式和它们的缺陷，而在于阐明内心的态度和对世界的错误认知。这使他对20世纪最宏大的故事怀着不同寻常的同情心：那么多聪明人是如何能够给自己讲述这样的故事，以及随它们而来的一切可怕后果的？在这一点上，库斯勒的表现胜过所有人。这恰恰是因为他自己是他们中的一员。而奥威尔——他从未受到这样的蒙骗——则是这一类人无与伦比的观察者，但他对他们没有特别的同情。

库斯勒著作有《西班牙遗嘱》《世间的渣滓》《中午的黑暗》等多部，托尼·朱特认为他的《失败的上帝》胜过其他所有人。所以说，当2009年奥威尔终身成就奖颁给病中的托尼·朱特时，我估计他更愿意获库斯勒奖，如果有的话。

……

写到自己所爱的人或是泛泛之交的人，托尼·朱特都十分坦率。他保持明智的沉默，尽管多有语出惊人之灼见。无论是在私人生活还是在学术生活中，他都是一个叛逆的左派，而非左派的叛逆者。他始终有一种孤立和迷茫感，在一个不只是美国的环境中，感觉到了自身的欧洲特质。而正是这种背离感，让他带有“局外人”的标签，尽管时不时行使局内人的权利和义务。

他密切关注一个特殊的历史时期和地域，但论点本质上是概念性的，也是伦理性的，这或许就是一种与生俱来的自由主义式的批判，或是不离不弃的一种自得其乐的边缘情感。

他愿意被划为以赛亚·伯林意义上的多元论者，所有的政治理论本质上都是对人类境况之复杂性的部分和不完整的论述，这让他着迷；而所有的政治选择都牵涉到真实的不可避免的代价，正确的决定便是避免最差的错误。他似乎愿意如此谨记着。

封面上那双深邃的眼睛，凝视着前方，似乎又嘲讽地说，你懂了吗？

（2016 年 8 月 7 日刊登于《深圳晚报》）

一百个人眼中有一百个丁玲

2011年1月，北京，天寒。我和《新文学史料》的郭娟驱车到朝阳区八里庄北里拜访著名诗人牛汉先生。先生时年89岁，除腿脚不便外，身体康健。

下午阳光斜照在窗台上，屋里摆设简朴、整洁。提到《中国》，牛汉充满感情，“丁玲不是一个学院派的人。她的文章跟她的人一样，没有框框，很洒脱。《中国》虽然只有两年，但是影响很大，刊载了许多‘先锋’作者的作品，譬如北岛、舒婷、杨炼、残雪等。丁玲在时，就如此；丁玲死后，也就停了。我从不后悔”。

1984年年底，丁玲提出“民办公助”，力排众议创办了大型文学杂志《中国》，两年后她去世，杂志夭折。聂绀弩晚年对牛汉说：“丁玲，晚年对历史，对政治，对那些观点、路线，她有她的看法了。”

2013年，91岁的牛汉去世。他为我签名的《我仍在苦苦跋涉：牛汉自述》现置于书架上。

牛汉1923年出生，比丁玲小19岁，相当于两代人。比丁玲大2岁的沈从文生于1902年，与丁玲算是同代人，也曾是好朋友。1931年胡也频被捕，沈从文奔波营救，胡被杀后，沈从文冒险护送丁玲母子从上海回常德，写《记胡也频》。两年后，丁玲被秘密逮捕，沈从文接连发表了《丁玲女士被捕》《丁玲女士失踪》，并致信胡适请求帮助，又作长篇传记《记丁玲女士》，分21节在《国闻周报》连载，1934年出版的《记丁玲》只是原文本的一半。被禁止出版的后半部直到1939年才以《记丁玲续集》印行。这段经历记录于张新颖新书《沈从文的后半生》。与坊间其他关于沈从文、丁玲的作品细节相符。

按说，丁玲与沈从文铁定是“生死之交”了。中华人民共和国成立后，沈从文思想徘徊时，也曾与丁玲交流，直到1955年丁玲遭迫害。1979年她返回北京，当选为中国作协副主席。

正当春暖花开，1980年3月，《诗刊》发表了丁玲的《也频与革命》，对《记丁玲》进行了极其严厉的指责：“原来是一部编得很拙劣的‘小说’……作者在书中提到胡也频和我与革命的关系时，毫无顾忌，信笔编撰……贪生怕死的胆小鬼，斤斤计较于个人得失的市侩，站在高岸上品评在汹涌波涛中奋战的英雄们的高贵绅士是无法理解他的……”

文章似惊雷一声，晴天霹雳。78岁的沈从文闻之却静默如谜。1989年徐迟公开沈于1980年写与他的信：“中国‘最伟大女作家’骂我的文章。别出心裁，用老朋友来‘开刀祭旗’，值得推荐给所有熟人看看。”《诗刊》文章是邵燕祥发表的，他不安之余写信解释，沈回信说：“至于某老太太突如其来的爆发性袭击，倒真像是鲁迅所谓的‘从背后杀来一刀’的意义。”

丁玲后来致赵家璧信：“我真正觉得他近三十年来还是倒霉的。其实他整个一生是一个可怜可笑的人物。近年来因为他的古代丝绸研究有了点买卖，生活好了些，我的文章的发表对他是一个打击，或许有点不人道。我是以一种恻隐之心强制住我的秃笔。……写《也频与革命》，稍稍点了一点……不过其中另有几点，仍将在某一天说清楚。以后再看吧。”

丁玲于 1986 年去世，两年后沈从文去世，距文章发表有六七年时间。究竟是什么误解或是误读，让有半个世纪交情的人在最宽容的年纪忽然“反目成仇”？沈从文三十年前的文章，为何丁玲在五十年后才看到？当事人哪怕记忆退化以至于淡忘，但个中事实，也不会黑白颠倒终恶语相向……

谜团种种，留给后人。

（2014 年 9 月 16 日刊登于《深圳特区报》）

由“润笔”想到台静农

何为“润笔”？查《汉语大词典》，如下解：泛指付给作诗文书画之人的报酬。

典故出自《隋书·郑译传》：“上令内史令李德林立作诏书，高颎戏谓译曰：‘笔干。’译答曰：‘出为方岳，杖策言归，不得一钱，何以润笔。’”唐宋翰苑官草制除官公文，例奉润笔物。

《儒林外史》第一回，有润笔说法：“老爷少不得还有几两润笔的银子，一并送来。”鲁迅的《彷徨·幸福的家庭》也提到："投稿的地方，先定为幸福月报社，因为润笔似乎比较的丰。"

看来，润笔早就是一种颇有历史渊源的约定俗成了。

前段时间现代文学研究专家陈子善教授应邀赴台参加台静农先生诞辰100周年纪念活动，会毕途经深圳，聚会，我提及李允经《中国藏书票史话》中有关1997年《人民日报》报道他发现"褐木庐"书票一事，陈老师摇摇头说，现在不收集藏书票了。问为何，他答，请人制作藏书票，虽是乐事，但如何表达谢意却成了难事，单润资多少就颇费脑筋，遂作罢。

都是文人墨客，情礼之事却不得不行。个中文章，只有自家掂量清楚。

看陈子善编的《回忆台静农》，多是怀念文章，其中女弟子林文月的尤见深情厚意。里边有段提到润笔的。"自从台大退休以后，求书的人难免多了一层考虑，于求字获应之际，偷偷地包一些润笔致意。台先生总千方百计退还，受者又不免于购礼奉敬。我们学生辈之间，遂有人劝老师不妨收入人家的谢意，否则求字的人真不知该何以为报，我们又力陈：写文章尚且有稿费，画家也是卖画的，写字何以独免？……”

台静农先生是我国20世纪20年代乡土小说的杰出代表，为鲁迅先生的学生。后由创作转向了古典文学研究，成为著名的学者。同时，还钻研书法和篆刻，是一位不可多得的书画大家。由于历史原因，他很早就退出大陆文坛去了台湾，所以陈子善说：“台先生在大陆读者心目中渐渐淡化，现在年轻的读者，包括大学中文系的一些学生，恐怕连台静农是谁都不大清楚……”

我在“有眼不识泰山”之列。前一阵子去广东美术馆看毕加索版画，意外地发现隔壁是台静农书画展，细细端详，才渐渐认识了这位大师。有人评说台先生的“草书写来一片化机，如行云流水，是沉浸既久，一时与诗境相凑合而成的神品；隶书是其最用力积久而又功深的书法，临写‘褒斜摩崖’‘杨淮表’‘石门颂’等六十余年，自然摇曳如抖颤……”启功在1985年《读书》写有关于台的文章：“他的点画，下笔如刀切玉，常见毫无意识地带入汉隶的古拙笔意……”台先生较少画，最出名的是梅，曾画一幅瘦梅，上题“有不寐道人意否”，人说具有神悟。

书画篆刻样样精通，加之“时常即兴馈赠字画，令人受宠若惊”，因而“外界知者渐多而索求者亦众”。林文月提及，台先生有求必应，甚至辗转求墨宝者，亦不拒绝。“不过，逐渐的书债累积，令他厌烦。有时我登门适逢他正作书偿诺，难免听到言语之间有一些倦怠不耐，便劝他不要那么认真，可他也只能叹气：‘唉，答应了人家的，有什么办法？’”

台静农先生的平易近人，让所有学生都因此自认是台先生最爱的弟子；让身边人都因此自认为是台先生最亲近的人。他又淡泊名利，不收润资。人们便以烟酒表敬意。师友宴会或学生造访，台先生总拿出烟或酒，说“拿去拿去，我这里多的是”。后来“卧病多时，便念着：‘昨天刚刚退还了几笔款项。……做买卖，向来规矩如此。不能交货，就得退还定金呵。’他倚在家人为他重叠的枕堆上，习惯地晃摇着一只手说，大概是想要说得轻松一些，可是，说完凝视着自己的手……”林文月笔下，台先生病重时还想着书道写字，那份执着与认真，与生俱来……

陈子善编台先生的书，最早一本是1990年9月人民日报出版社出版的《台静农散文集》，可惜两个月后台先生去世，享年89岁，看不到了。要不，陈子善定能求得台先生的真迹墨宝，而且，不必为润笔之事伤透脑筋。

（2003年12月刊登于《深圳晚报》）

止庵的签名本

谈到签名本，止庵说：“已买其书，读之心喜，欲见其人，买或求签名本。三者缺一，不如不要。不闻契诃夫有云，‘宁肯让我的盘子空着，也不盛不相干的东西。’咱们不是签到处的，不能什么签名都要。”

不过，他的签名本真的很多。那天深圳的饭桌上，讲的全是各种签名本——

黑泽明签名本，《黑泽明的全貌》。

小栗康平签名本，他导演的《泥之河》《死之棘》

等电影真的非常喜欢。

小林正树签名本《东京审判》，又看了一遍他导演的《切腹》，杰作。

草间弥生签名画册，曾在松本看过她的大型画展。

大岛渚签名《青春》初版本（大光社，1970年）。大岛渚与戈达尔、帕索里尼、法斯宾德有某种共同之处，当然亦各有特点。至于《御法度》，是他展现自己另一种才能之作，唯其展现得尽善尽美，是为难得。又看了一遍《青春残酷物语》，大岛渚、今村昌平等人的电影与小津的电影形成鲜明的对照，也可以说有种互补意义。

三岛由纪夫签名《萨德侯爵夫人》初版本（河出书房，1965年）。《萨德侯爵夫人》是三岛的代表作之一。

安野光雅人生随笔集《绘画是一个人的旅行》，用细腻的水彩画出在他心里如神话般温暖而永恒的时光印记，有签名本。

布罗茨基签名本《小于一》，这是他自己用英文写的作品。

2014年奈保尔参加上海书展，对谈中请他签了名。

他的《米格尔街》、《大河湾》、“印度三部曲”都不错。

翁贝托·埃科签名本《带着鲑鱼去旅行》《悠游小说林》《开放的作品》《误读》和《波多里诺》，末了一册，环衬印着埃科的签名，被他画掉，另外手写一个，亦是有趣味处。

奥尔罕·帕慕克签名本《白色城堡》《伊斯坦布尔》《雪》《黑书》《新人生》和《寂静的房子》。《我的名字叫红》第一次印刷书衣用的是“泡泡纱”似的手揉皱纹纸，第二次印刷后改成书版纸；此外又有精装的“插图注释本”，共印两次，后一版环衬添加了作者自制的藏书票，插图亦根据他的意思换了几幅，这四个本子都于2008年帕氏来北京时让他签了名。

君特·格拉斯逝世了。上次去德国，承朋友帮忙，请他在五本小说、两本回忆录和两本画册上都签了名。《铁皮鼓》五十年纪念版，套装，附评论摘编一册。这两册均有格拉斯签名，读此书中译本还在二十多年前。

还有罗伯-格里耶《反复》和《快照集为了一种新小说》签名本。

钱锺书《管锥编》（第一册）、《谈艺录》、《七缀集》、《宋诗选注》、《围城》、《人·兽·鬼》和《写在人生边上》，都用毛笔题签，印章各不相同。杨绛《干校六记》、《将饮茶》、《关于小说》、《洗澡》、《喜剧二种》、《小癞子》、《堂吉诃德》（上册）、《吉尔·布拉斯》（上册），用圆珠笔题上款并签名。

《最好的时光——侯孝贤电影记录》一书，所记录的与其说是侯孝贤不如说是朱天文。侯孝贤到京签售此书，得到一本。

此外，还有谷林老人赠予的知堂签名本。

……

这些是我在饭桌上听闻的一部分，止庵的签名本当然还有很多很多。另外，他还帮鹦鹉史航从日本寻来井上厦带上款毛笔签名本。史航说，因为读了内地出版的《青枝繁茂》《手锁心中》《十二人的信》《上海月亮》，便彻底认定了这位大牛作家。

（2015 年 7 月 5 日刊登于《深圳商报》）

乡贤情意

日本高桥敏夫、田村景子合著的《文豪之家》，曾经作为一本人文浏览地图风靡一时，连“日本通”止庵也买他的账。全书总共介绍了36位作家的60来处住宅，止庵走了其中三分之一，而书中没写到的“文豪之家”，他也去过近十处。

从止庵讲的及其微博上公开罗列的，我大致拼出以下“止庵的日本文豪地图”：

太宰治家。原青森县津轻郡金木村大字金木字朝日山 414 号，现为五所川原町市，以“太宰治纪念馆斜阳馆”为名向大众开放。东京附近的三鹰市，有一条河叫玉川上水，是太宰治自杀的地方。三鹰还有一处建筑，一对夫妇在那儿办了一个太宰治联络处，经常举办活动。每年，三鹰举办“樱桃祭”，即太宰治尸体被发现那一天，都要做一个活动，纪念他。热海，是太宰治写《人间失格》的地方，他和山崎富荣曾经在这儿住过三天。

新宫的佐藤春夫旧居，原在东京关口町，建于 1927 年。

南轻井泽有岛武郎的别墅净月庵，堀辰雄山庄和野上弥生子书斋，这三人都属于“轻井泽高原文库”作家。

小仓松本清张纪念馆。松本清张开创的社会派通过侦破一件案子揭示重大的社会问题，所以超越了类型文学，接近纯文学。能登金刚，松本清张《零的焦点》写的背景地。

仙崎，童谣诗人金子美铃的纪念馆。“金子美铃童谣集《向着明亮那方》中译本（吴菲译），还是我在新星出版社工作时出版的，多少也是缘分。”

仙川，武者小路实笃宅邸，现已辟为实笃公园，占地5000多平方米。“正如《文豪之家》所说，内有大小不等的三座池塘和一片竹林，还种有梅花、紫阳花和其他草木。我去过的日本文豪之家，好像没有这么舒适讲究的。”

茨木，川端康成文学馆。其中再现了川端在镰仓故居的书斋，只有三铺席大小。案上台历显示是川端身亡之日。摆设中有两件他的故友的遗物：绘盆曾是德田秋声的，水滴曾是林芙美子的，川端是个念旧的人。

越后汤泽，川端康成笔下的《雪国》。20世纪30年代他先后五次来到此处，住在高半旅馆“霞的间”，创作了小说《雪国》。现在这家旅馆设有雪国资料馆，其中完整保存了他住过的房间。旅馆还放映老电影《雪国》，川端创造的驹子成了这个小城最有名的人物。

后闲，一个小站，当年川端康成和直木三十五来待过的地方。

山中湖畔的三岛由纪夫文学馆。“这个文学馆竟然是由一个村买下的。1996年4月，山中湖村决定动用村财政资金3亿日元买断三岛由纪夫家族珍藏的手稿文献资料。1999年7月三岛由纪夫文学馆正式开放，共收藏与三岛相关的图书约3600册，杂志约2440册，电影话剧资料约650种，作者手稿等约1540种。”

柴又，山田洋次导演系列电影《寅次郎的故事》的背景地。这里有寅次郎纪念馆和山田洋次的电影馆。寅次郎纪念馆展示的寅次郎的叔叔开的饭馆和后院的工厂等布景，都是从拍第一部起就装了又拆，拆了又装，用于整整48部电影的拍摄。“这得多仔细啊……”

此外，还有岛根津和野的森鸥外故居，岛根县松江小泉八云故居和纪念馆，岐阜县中津川市明治时代著名的小说家与诗人岛崎藤村故居……

“其他国家不像日本有这么多‘文豪之家’。我觉得除了文化意识和旅游意识，此中还有一种乡贤意识使然，又特别侧重于文学艺术上有成就者，而且无拘县、市、町、村，均肯出面承担。”

“国内很多名人故居，比如李劼人故居，展示的手稿、藏画都是仿品，不是原件，这真是差距。”

“这种乡贤意识，说穿了就是一份情意。”

说这话时，他分明有一种淡淡的忧伤。

（2015 年 7 月 19 日刊登于《深圳商报》）

抽屉里的旧名片

收拾抽屉，一大叠名片，弃之可惜，放之又占位置，正犯愁。一张名片跳了出来，“国家广播电影电视总局周海婴”。名片泛黄，简单没有任何装饰。心想，天下还真有一模一样的名字。再看，“全国政协委员”，底下一排小字“北京复兴门外大街22号楼……”，有电话号码，后边括号“寓”。

本想扔掉，又迟疑了下。周海婴？重新把名片放入抽屉中。

隔天晚上，忽被通知参加一场宴席，来宾——周令飞，周海婴的公子，鲁迅长孙。

事情总是那么神奇。

周令飞来深圳很多次了，他似乎对深圳有特殊的感情。每次来都一大帮人聊得开心，有时K歌，他醇厚的男中音，声色之优美，简直令人以歌星视之。这次，周令飞又一阵风似的旋进餐厅，见一桌子不识的年轻男女，就像昨天刚面晤过，拉开椅子入座，抓起桌前的花生一颗颗吃，一边端起红酒闲闲嘬了一口，隔着桌子朝我说，昨天（与某人）打通电话，对方说，呵，你来这么多人呵。我一听，估计忙，今天赶紧安排另一场会面。瞧，现在赶这第二场，也没敢多带人，听话吧？

见周令飞之前，我跟同事们讲，他太像小孩子了，很好玩。这下应验了。他一进来就做投诉状，却与我才第二次见面。

同事纷纷上前敬酒并合影，大家用手机拍照，发微信，显摆一下。等到女孩合影，周令飞严肃起来，说，单独拍照可不行。同事说，两个女孩一起可以吗？令飞兄才摆出配合状。

周令飞真的越老越像爷爷鲁迅。鲁迅1936年去世时，周海婴7岁。等到周令飞出生，爷爷鲁迅已走了17年。他个高，率性，身手敏捷。眉宇间完全是鲁迅的模子，更甭说嘴上的一字胡。忽然，他四下张望，画册呢？同行的鲁迅基金会小刘马上找来，是一本基金会会刊，翻开第一页是他与领导人的握手合影，两人占满了画面，远处才是父亲周海婴，笑得特别开心。大家调侃他，怎么可以这样，把父亲居于何处？他哈哈大笑，神情甚得意。

想起第一次见面，他自创了一种"新闻跑"，便问还"跑"吗？他赧然一笑，不好意思起来，"停了一阵子，不过很快要重新开始"。三年前周令飞来深圳，大家一起吃饭，他力推一种运动方式——一边看着电视新闻一边跑步。现场传授时，他跨着马步，有招有式，看似简单，但步伐多大，什么节奏，多长时间……却颇有一套路数。当时同桌有朋友张清，他真的加入了"新闻跑"行列，一直坚持至今，据说成效巨大。

周令飞虽停了“新闻跑”，这一趟却要开启“五地跑”，深圳、香港、澳门、珠海、三亚，谈基金会的合作项目。深圳是首站。

周令飞这个名字，似乎与“另类”打上交道。他向来不按常理出牌，理科出身；1979年留学东京学习电视制作；此后，因为爱情做了台湾女婿，在台生活20多年，赞成女儿周璟馨进军台湾娱乐圈，还挺身辩护：“鲁迅后人就必须成为鲁迅研究专家吗？”

父亲周海婴说，周令飞最像鲁迅，认准的事一定要做成。所幸，他回到大陆生活，2002年创立上海鲁迅文化发展中心，2012年创设国家级鲁迅文化基金会，此后成为公益文化终身义工，四处举办“鲁迅文化讲座”和评奖等活动，整日为“鲁迅”之名而奔忙。2009年8月《鲁迅的艺术世界》在上海首发，引起轰动，书中最令人心动的是鲁迅的藏品——60余种书籍封面。主编周令飞于此书功不可没，首发式上他张罗各路来宾，卖力摇旗呐喊。那一次，人们看到极靠谱的周令飞。也因此，在周海婴的四个子女中，他最为大众所熟知。

回家，我赶忙翻抽屉，“周海婴”。那一叠旧名片中，还有“周令飞”。周令飞的名片排文更为密集：“鲁迅文化基金会秘书长、同济大学鲁迅研究中心主任……”中英文对照，那是三年前的老名片了。

（2014年8月4日刊登于《深圳特区报》）

书之悟

“梅氏醉酒”宝笈

靳飞又出新书了，这次是《梅氏醉酒宝笈》。

说实话，按他的积淀和学识素养，早该著作等身了，无奈天天忙东忙西的，身边的朋友总替他着急：能不能少做点事，静下心写东西啊。

可他就是操心的命，在日本东京大学教养学部任教6年后，2008年，作为中日版昆曲《牡丹亭》总制作人、编剧、导演，与好友兼老友坂东玉三郎分别于日本京都和中国北京、上海、香港等地演出；随后，又忙着组织中日戏剧大师上海世博会演，当总策划人、总制作人、导演……后来又担任北京戏曲评论学会会长，组织“红票团”，扶持戏曲新人，培育观剧市场；同时又身兼中国对外文化交流协会理事，迎来送往，忙碌各种外事活动。眼见可以消停一下，2015年7月，又开始任东京大学研究生院客座研究员……这些年，真的没见他胖起来过。

不管怎么说，《梅氏醉酒宝笈》来得让朋友们亦惊亦喜。这是他的专业，又是他的兴趣、爱好及年少起便开始的研究领域，早就该拿出来成果分享了。说来也怪，出生于20世纪60年代末的靳飞，毛头小伙时，就喜欢在老先生堆里打转，张中行、严文井、吴祖光、胡絜青、许觉民、叶盛长、关根祥等，最后都与他亦师亦友。

他出入梅家多年，梅绍武的夫人屠珍说：“我觉得他（靳飞）是我家两代人的朋友，不仅与我和绍武是忘年之交，与我们的儿子梅卫东也是挚友。”这个我有亲历可以做证。2009年，我在北京出差，正好赶上梅兰芳忌日，便随靳飞与梅卫东一起去墓园祭拜。墓地位于北京香山卧佛寺东的万花山，为梅兰芳20世纪30年代安葬夫人王明华时所购买，梅兰芳1961年病逝后葬于此。时值5月，槐花还未绽放，新旧六处墓穴，自西向东分别葬着梅绍武、秦梅氏、梅竹芬、梅巧玲、梅雨田五位梅氏族人和梅兰芳的岳母福苏思。大家肃穆站立，献花一束，以表哀思。

后来靳飞作坂东玉三郎的《牡丹亭》，也缘于梅氏情结。玉三郎的祖父是日本歌舞伎大师十三世守田勘弥，1923年来北京时与梅兰芳一见如故，成为知己。20世纪50年代，梅兰芳访日，与玉三郎的父亲见面倾谈。6岁开始学戏的玉三郎，从小就萌生了演出梅兰芳塑造的杨贵妃角色的想法。20世纪90年代，他专程到北京向梅葆玖学习《贵妃醉酒》的台步、水袖程式。靳飞与玉三郎于1997年相识于东京，一拍即合，中日版昆曲《牡丹亭》便在世界多个城市艳煞了多少票友观众，至今传为美谈。

业界人士称，靳飞是梅兰芳研究的又一代传承者。此话不假。《梅氏醉酒宝笈》中，围绕着梅氏戏剧改良，靳飞勾勒了时代背景，展现了历史潮流，梳理了学派意见，剖析了梅氏心路轨迹……书中写道：1913 年梅兰芳初次赴上海演戏，回来后，下决心开始排演新戏，其中包括时装戏和古装戏。1914 年，他启动了一个人的“京戏改良运动”。以靳飞的分析和创见，他认为梅兰芳的“改良”，概括说可以分作表演和创演两部分。表演方面，以前青衣、花旦的分工，界限很清晰，花旦重点在表情、身段、科诨，并不重视嗓音、唱腔；而青衣则专重唱工，对于表情、身段却不甚讲究，形成了重听不重看的习惯。梅兰芳看出问题的根本，便在青衣行当中，融会了花旦、刀马旦等其他行当的表演技术，同时加入昆曲旦角的表演，创立了“花衫”这一崭新的行当。创演方面，他排演新剧目，包括时装新戏《孽海波澜》《宦海潮》，古装新戏《嫦娥奔月》等；同时排演昆曲，主动学习了《白蛇传》《牡丹亭》等剧目；还加工《贵妃醉酒》等京剧传统剧目，提升其艺术层次和艺术水平。不过，尽管梅兰芳做出了与时俱进的大胆创新，但晚年谈及当年“改良运动”，也勇于自我否定："京剧是否适宜于表演现代生活的问题，却还是值得更慎重地加以研究……时装戏，大半唱词对白多，慢板几乎使用不上……唱了一个时期，愈来愈感觉不调和，因为唱起来生硬。穿了时装，手势、台步、表情、念白完全不是京剧舞台上固有的一套……"这些细节，在《梅氏醉酒宝笈》中都有具体呈现。

另外，靳飞还提到一个重要文献，"周作人在1924年便写了文章《中国戏剧的三条出路》：纯粹旧剧，为少数有艺术趣味的人而设；纯粹新剧，为少数研究家而设；改良旧剧，为大多数观众而设"。这条标准，放到现在也不过时。

书中，有一章《梅氏〈贵妃醉酒〉史》，把梅兰芳自1914年起，长达46年数百场演出，与梅葆玖接着演出的54年，两代艺术家及梅门众弟子整整一百年的《贵妃醉酒》做了一个深度回放和分析。这正是此书的"药引子"。2014年10月，靳飞应北京方志馆邀请，做了题为"京剧与中国文化"的演讲，其中谈到了《贵妃醉酒》的赏析，反响热烈，听众希望他把讲稿整理出来，刚巧《北京晚报》孙小宁约他写一篇关于梅兰芳的文字。于是，他开始写，前后修改了五六稿，终于写成了《梅氏醉酒宝笈》。坊间有评论称，由一部戏来完成对梅兰芳、对民国京剧的宏大叙事可谓创举。作为门外汉，我且把此书当作一部戏曲知识教科书，自愿被启蒙一下。

这些年，靳飞作品偶尔出版，并不高产。《风月无边》《樱雪盛世》《沉烟心事牡丹知》《张中行往事》……都极有看头，文字淡泊朴素，旧学功底深厚。文里文外，依稀可见一介民国遗少，着长衣，挥羽扇，哼小曲，谈笑间，樯橹灰飞烟灭……

（2016 年 7 月 24 日刊登于《深圳晚报》）

此心安处非吾乡

一直喜欢看日记，它大抵真实。

新近出版的《此心安处是吾乡》，是季羡林1946—1947年留德十年后返回中国两年间的日记。它可算是《清华园日记》《留德十年》的延续。三本日记放一起可大致窥视大师季羡林35岁之前的所思所想所作所为。

奇怪的是，坊间反响并不热烈。2009年季羡林驾鹤西去，去世前后，围绕财产问题曾引起了很大的波澜，事涉多人，甚至上演闹剧，最后不了了之。当时季老的关门弟子钱文忠携带幻灯片及各种信函到深圳，为大家讲述季家父子的故事，听众把礼堂挤得水泄不通，讲座的时间一再延长。我们心中各种疑问，只想从钱文忠口中一探究竟。不管怎样，在季老人生的最后半年，儿子季承睽隔 13 年后终于重新回到他的身边，父子得以相聚。钱文忠选择站到了季承的一边，为他争取各种权利。

《此心安处是吾乡》中，我特别留意亲情的记载。“又写给秋妹、婉如（季老女儿）、延宗（季老儿子，即季承）各一封信。”“离开 12 年，今天又回来，心绪激动，说不出有什么感想，坐洋车到家，心里酸甜苦辣咸，更说不出什么滋味。”“起来到南营市中去看李校长，谈延宗入学的事情。”“今天过午没有出去，同延宗打开箱子看以前的藏书。”“吃过午饭，领延宗去理发。”“十点同延宗到市中去，想见李校长，不在……睡到两点多起来，又同延宗到市中去，李校长还是没有回去，只好又回来。”“十点同延宗到市中去见李校长，把入学的事情说好。”“同延宗进城，把名片取出来，买了点心回来。”回北平后，“看到婉如的信，连忙回到图书馆，又写信，头已经昏痛有点抬不起来了”。日记中女儿、儿子多次出现。

出现频率最高的是汇钱回家。“步行到西交民巷中国银行去，汇了十万元给叔父。”“出去坐洋车到交通银行，汇家二十万元。”“十点到出纳组领出支票，到金城银行取出钱来，又到邮局去寄钱。”“八点到图书馆研究室，八点半出去坐洋车到交通银行去汇钱。”……

刚担任教职的季羡林薪水有限，还要时常买书，每次汇了银两回家，吃饭的钱就捉襟见肘。烧饼便成了食粮。“到铺子里买几个烧饼，就到国立编译馆去。”冬日天寒地冻，夏日酷热难耐，他得痢疾发高烧。“又发热，热度大概最少四十度，用手一摸，仿佛摸一块热铁，自己在床上辗转呻吟，仿若有一只手枪我真想立刻自杀，其痛苦可知。”“今天是礼拜天，我把门关了，屋里就成了一座地狱。我就是这里面受煎熬的鬼，似乎有人来，敲过门，我当然不能起来开，就这样在发昏中过了一天。”

逢年过节，别人都团聚去了，唯有他孤身一人。“汤先生请我今天晚上到他家去过年……沈从文来，请我去过年，可惜已经有约了。”他其实特别向往家庭生活，“七点前到从文家去，他两个小孩很可爱”。“到阴法鲁屋里去，他刚从济南回来，替我带来的衣服。回来打开箱子，一看，皮袍棉袍都有，心里悲喜交集，自己漂泊十年，没有人管自己的衣服，现在总算又有人想到自己了。”

季羡林的付出最终未能获得理解。季承在《我和父亲季羡林》中写道：“他一辈子不管不问家里的事情，在国外求学一待就是十几年，回来之后到北大教书只是往家里汇钱，对于教育儿女的事情从来也不操心。”在季羡林的遗物中，则有这样的文字：“我已病（在）医院几年，亲属中真关心我的好像没有一人。儿女联合起来，造作流言蜚语，向我脸上抹黑。所以我常说，我没有儿女。我对所谓血统早就怀疑。”

回到60年前的日记，年轻的季羡林眼里却一片明亮，“吃完到玄武湖去散步，新荷嫩绿，在暮色苍茫中，景色特别美”。“西天晚霞独明，萤火飞动在芦苇丛里，景色美到不能说。”他全然不知，自己后半生是如此度过。

（2014年12月28日刊登于《深圳商报》）

迟来之木心

2006年木心被引进大陆后，为何我现在才开始真正读起他的书？痛定思痛，结论唯有一：烦陈丹青。

说真的，“烦”这理由不成立，一来没有误解，二来没有骂仗，三来地位身份年龄学养阅历皆不对等，何来之烦？不过你看，陈丹青不管人或文章，对外总一副强势凌人之态，逼得你不得不逆反起来，比如他说你要读木心，我就赶紧绕行，把木心的书束之高阁，没有缘由的。话说陈丹青确实有举荐之功，但在他的副作用下，跟我一样起反应的估计大有人在。今年《温故》木心“纪念专号”上，陈丹青本人倒说出道理来：“将近三十年前，我很傻地跟所有人说：有个木心很厉害！结果不断遇到背后的冷嘲热讽。等到木心先生终于被介绍到大陆，却因为我的恶名，还是连累了木心。”看来陈还是心中有数的，但要命的是理解偏差了——他自认无辜，问题永远出在读者身上。木心本来是个低调淡漠之人，连讲个俳句，都说要平要淡要寂。他推崇都德，因其沉静而不觉其寡言。但推手陈丹青却甚不安静，激情四溢，满眼愤世嫉俗，全世界不单欠他的，还欠木心的——这种行为艺术般的过度表现，差点让我与木心失之交臂。

如此，木心被我一放就是七八年，直到最近拿起了《文学回忆录》。此书是他到美国七年之后，应身边爱好文学的画家朋友邀请，在纽约为大家开讲的，这一讲，足足五年，算是一场文学远征。而起因，竟是海外诸学子为帮衬木心增加收入的借口。学生，或三五人，或七八人，在各人的寓所轮流举行讲座。彼时的木心，鬓角虽未花白，但已然是62岁的老者，他着西装，端坐于沙发一角，静淡如聊天，要言不繁，“再大的公案、史说、是非、纠葛，由他说来，三言两语，惊人地简单”（陈丹青语）。

1982年木心以55岁的年龄毅然远赴美国，异乡的生活可想而知，我翻遍了他的作品却无从找寻，就像台湾小说家郭松棻所说，他把个人传记性的踪影几乎压到最低层次。唯有一点他承认，“如果还在上海，终生不出来，永远是一锅夹生饭”。

1984年台湾《联合文学》创刊号推出“木心散文个展”专刊，1986年纽约《中报》副刊发起了“木心的散文专题讨论会”。2006年广西师范大学出版社“理想国”出版其在大陆的第一册散文集《哥伦比亚的倒影》，此后，作品陆续推出。

记得木心去世后，《印刻文学生活志》总编初安民来到深圳，带了转年1月号的《木心纪念辑》。封面的木心人物画，线条寥寥，彰显怀念致敬之意。翻开目录，从王渝、张宏图的《木心印象》，骆以军、李进文的《阅读木心》，陈村、孙郁、岳建一、陈子善、刘瑞琳的《追思木心》，到压轴的陈丹青的《守护与送别》，整个专辑作者阵容强大。我当时还诧异初安民对木心的关注。后来知道，木心去世时，他连夜从台湾赶去乌镇送别。他们本来有过一个约定，即来年春暖花开时木心做一趟台湾行，出版作品集和举办画展。2013 年夏天，我到台湾，皇皇巨著《木心作品集》（13 册）正在出版中。于初安民，这个沉甸甸的心愿，终算落地了。

莱蒙托夫，普希金之后最有才华的苏联诗人，他写皮恰林在驿站上等马车，四周无人，颓丧疲倦，一会儿马车来了，皮恰林腰杆笔挺，健步上车，一派风度。木心说："我们在世界上，无非是要保持这么一点态度。"这一点态度贯穿了他生命的全过程——一件黑呢大衣，一顶黑礼帽，一条格子围巾，一根拐杖，一双深邃又清澈的眼睛犀利又孩童般地看着这个世界——"万事万物会过去的，人是要死的，太阳底下无新事……"（木心语）

（2015 年 1 月 25 日刊登于《深圳商报》）

主义之讲

顾炎武说，一为文人，便无足观。木心说，一入主义，便不足观。一个人，一个艺术家，不要轻信任何主义。

在纽约讲课时，木心还是讲了象征主义、后象征主义、意象主义、古典主义、神秘主义、浪漫主义、悲观主义、唯美主义、写实主义、实证主义、实用主义、存在主义、自觉主义、先锋主义、无政府主义、反理性主义、非理性主义、自然主义、个人主义、未来主义、虚无主义、社会主义现实主义、超现实主义、表现主义、英雄主义……他举了很多名家的例子。比如未来主义代表作家：意大利有马里内蒂、帕拉泽斯基、基蒂；法国有阿波利奈尔；俄国有马雅可夫斯基、勃洛克……“我们有冷静的余地，所以平心静气谈谈别人的主义。”让人联想起秦晖在《共同的底线》中对各种主义的定义和阐释，我曾认真地做了笔记，以对各种主义有辨别和厘清之用，记得当时记下的主义有近四十个：民粹主义、社会民主主义、古典社会民主主义、当代社会民主主义、自由主义左翼、自由主义右翼、经济自由主义、古典自由主义、当代自由主义、社会自由主义、布尔什维主义、欧陆浪漫主义、以哈耶克为代表的保守主义、社群主义、寡头主义……秦晖不厌其烦地在书中对各个主义进行名词解析，意在唤醒人们：“纯粹主义不结合问题，就会变得空疏。走出空疏化与饾饤化的‘问题与主义’无疑是中国思想界的希望。”这些与木心的文学流派是两回事，但在一本书中如此繁复地讲主义，真不失为一种科普。

木心极其反对主义，他说一个艺术家标榜一个主义，不论是什么主义，态度非常小家子气。谈主义，是一种现代病。试看古人，从雅典到文艺复兴，都不标榜主义，因为主义总是一种偏见，甚至是强词夺理的，终归是自我扩张，排斥异己。

于是他读书的秘诀是，看书中的那个人，不看他的主义，不找对自己胃口的东西，要找味道。

撇开主义，木心把世界上的书分为两大类，一类宜深读，一类宜浅读。尼采的书宜深读，一浅读，就骄傲，自大；深读，则能读出一个自己来。罗曼·罗兰的书宜浅读，若深读，即迷失在伟大的空想中。《道德经》宜深读，若浅读，就只会讲谋略，老奸巨猾；深读，会练成思想上的内家功夫。《离骚》宜浅读，若深读，就爱国、殉情；浅读，则唯美，好得很。

再撇开主义，他又把文学分为两类：一类是独自完成，不影响别人；一类是独自完成，却给后人影响。莎士比亚、塞尚不知影响多少人；曹雪芹也是一个源头，张爱玲受影响学了一点点，就有滋味。艺术家是敏于受影响的，受了影响而卓然独立的，是天才。

"我曾模仿塞尚十年，和纪德交往二十年，信服尼采三十年，爱陀思妥耶夫斯基四十多年，凭这点死心塌地，我慢慢建立了自己，不要怕受影响。"

好，我基本看懂了，木心教导我们，不要讲微言大义，也不要讲名物章句，更不要拿空疏"主义"自欺欺人，只寻文学背后的两个基因——爱和恨，直至触碰到那个叫文学的梦。就好。

（2015 年 2 月 1 日刊登于《深圳商报》）

幸亏听了木心的话

56岁目盲之后，博尔赫斯就没读过什么当代作品，他与巴恩斯通对话时说，他更喜欢重读。每一次重读一本书，这本书就与从前稍有不同，而自己也与从前稍有不同。

最近唐诺也在重读，新作《重读：在咖啡馆遇到十四个作家》重读了海明威、库斯勒、纳博科夫、果戈理、博尔赫斯、契诃夫、波德莱尔、福克纳、格林、艾柯……伟大的作品，值得一读再读。他说，唯有在不同生命阶段的一次次重读中，它们的伟大才会一点一点显现。

我也在重读，重读木心。

木心凭记忆讲19世纪的法国文学，斯塔尔夫人、夏多布里昂、雨果、巴尔扎克、司汤达、大仲马、梅里美、福楼拜、乔治·桑、龚古尔兄弟、左拉、都德、莫泊桑、法朗士、布尔热、洛蒂、德·列尔、魏尔伦、谢尼埃、拉马丁、维尼、缪塞、戈蒂埃、普吕多姆、埃雷迪亚、科佩、波德莱尔、让·黎施潘、马拉美、兰波、小仲马、贝克、安托万、梅特林克、维尔曼、尼撒、圣伯夫、丹纳、勒南……

最后他说，这两课一共讲了多少人？……

这些名字把我的手打酸了。像是老师跳跃性授课，课后非得找来这些作家的作品苦苦恶补不可。不单法国文学，还有英国文学、德国文学、俄国文学、美国文学、日本文学、中国文学、爱尔兰文学、波兰文学、丹麦文学……这么讲，足足讲了五年，堪比夏志清的《中国现代小说史》。木心按自己的记忆和理解讲述，上课时间是1989年至1994年。

如果时光可以倒流，如果一切可以假设，我真愿意加入这个小团体，以自由之心听听木心的文学闲侃。他旁征博引，信手拈来，眼见似乎跑题了，却又在你担心之前稳稳回到原点，并时不时有“神点评”。他说：“在不开心的时候，人生还不如波德莱尔的一行诗。”“卡夫卡像林黛玉，肺病，爱焚稿，应该把林黛玉介绍给卡夫卡。”“我先读尼采，再说惠特曼。好像高山峻岭下来，到海中洗了痛快澡，好舒服。”讲到中国近代文学，“琳琅满目，一篇荒凉”。“中国近百年没有文学杰作。”所以，“徐志摩不过是佳人心目中的才子，鲁迅根本瞧不起他，他的所有东西都是浮风掠影”。“唯美到了王尔德身上，变成一种病。张爱玲也有这种病，常要犯病。”

他讲文坛逸事，比如爱默生和梭罗，爱默生有钱，梭罗穷，于是梭罗跑到爱默生家打工，爱默生帮助他的同时又尊敬他，他写梭罗传记：“一个死掉的孩子的鞋子，还要给他的弟弟穿。这个世界真悲哀。”在爱默生笔下，梭罗是另外一种类型的自然之子。木心到美国买的第一本书，就是爱默生的，张爱玲翻译。“不讲结构，说到哪里就是哪里，但文句、思想，都很可爱，很可贵。”他很喜欢这本书。他又讲莫泊桑和福楼拜，莫泊桑每写一篇都给福楼拜审阅，福楼拜逐句评论，凡有佳句，必加喝彩。后六位法国文学家聚会梅塘别墅，以普法战争为背景写一篇短篇小说，汇成《梅塘之夜》，当中数莫泊桑名声最小，但《羊脂球》一举成名，文坛欢呼，最高兴的莫过于老师福楼拜。

装了一肚子文坛典故，木心嘴下不留情，却心存厚道。文坛前辈的榜样，在他和陈丹青，他和李全武，他和章学林，他与其他很多人结交的故事上得到印证。据说木心生前并不乐意发表《文学回忆录》，认为那不是他的作品。“去吧去吧 / 我的书 / 你们从今入世 / 凶多吉少……”这是他写下的最后诗句，然而《文学回忆录》还是从大量遗稿中率先出版，面世后又被各方承认并获奖无数。这似乎是陈丹青的功劳。

“我三四十岁，五十岁，都读过伍尔夫，六十多岁时，看懂了。我今天讲的，你们可以在六十几岁时读。”

木心一辈子都在重读，他希望别人也一样，比如几年后或是几十年后，再读木心，“幸亏我听了木心的话”。

（2015年2月8日刊登于《深圳商报》）

你我的《惜别》

都说《惜别》好。这些天，大家谈论的是这本8月刚刚推出的新书——学者、书评人止庵写母亲的生死之书。

止庵母亲于2010年去世，那一年11月他应邀前往深圳参加读书月活动，对于伤痛，没有涉及。印象中的止庵儒雅、淡定，不曾大喜大悲。老友场合下，他会就一些学术或是常识问题较真，甚至争论得面红耳赤。如果不是此书，压根不知道原来爱看新星“午夜文库”侦探小说的止庵，母亲也是侦探小说迷；对影碟知之甚多的止庵，母亲也是碟迷……“母亲去世后，我到深圳，进了旅馆房间，想起我上一次出门远行母亲还在，我到了所做的第一件事就是给她打电话……如今我望着床头柜上那个电话机，觉得一切都那么近，又那么远。”

书写得克制、平静，旁征博引，从崔护的《题都城南庄》，曹丕的《与朝歌令吴质书》，李清照的《武陵春》，王充的《论衡》，到戴维·里夫的《死海搏击》，莫里斯·梅特林克的《青鸟》……把生与死，括进了“有限不死性”“在死者”概念里，一如止庵的学者姿态，也像极了周作人，看似闲笔却蕴含哲理。只不过，这次的主人翁是母亲，一位患癌之后等待死亡降临的至亲。母亲确诊后，止庵特地在华联商厦给她买了衣服，每晚必定赶回家一起看DVD，在她精力不济时为她诵读侦探小说和报纸新闻，又找借口请她编一本他的“三十年集”……他的生活重心，似乎只有一个——母亲。母亲晚年最想去的是日本，终没成行，去世后，止庵几乎长时间待在日本，背的是母亲那个印着“中国人民大学离退休工作处”的蓝色帆布挎包，因为母亲说过“让此包代我一游吧”。

止庵笔下的细节渗透着逝者生前日常种种——养花、赏景、观灯、看剧、读书、写信、做菜，甚至织毛衣……母亲一生保持高品质的生活，直到生命的最后，腰板依然直挺，笔画依旧工整，尊严又顽强。母亲在给女儿的信中写道：“将来我走了，方方（止庵乳名）怎么办？我知道别的孩子当我走了，不会像他那样在意我……就是方方我最不放心了，他会受不了这个打击的，这也是我坚强活下去的动力。”

接触止庵很多次了，在北京，在深圳；电话中，短信里。我们聊书，联络采访，谈对一些书人书事的看法。他总是严谨，谦和，又认真。我们关注的是他所研究的作家，以及他所编的书。那些年，《鲁迅著译编年全集》《张爱玲全集》《周作人自编集》《周作人译文全集》在他的编辑下重新出版，皇皇巨著，熠熠生辉。学者、作家、书评人……知道止庵有很多头衔，却不知道，他最本质的身份是孝子。

母亲走后，他开始进入自我“假如”——假如当年及时确诊，做了手术，她的病也许就会得以根治；即便一切为时已晚，其后仍然存在着若干治疗方法和步骤方面的“假如”，在所有这些“假如”里，她都有可能继续活下去……

这些句子狠狠地击中了我，当年父亲脑溢血抢救无效去世，我也一再地在心底里自我“假如”，不断地问己问人，“假如……”“假如……”那种叩问，无时无刻不在，是一种彻头彻尾的良心折磨。每当看到别人病逝的消息，我总仔细地追看年龄，然后与父亲相比……这些做法，在止庵的书里，比比皆是。没有亲历这番切肤之痛，实难体味。

去年我的新书出版，里边有一篇写他的文章。后来，他在微博上发帖：“推荐一本好玩的书《书人·书事》。我自己不会写人也不会写事，很羡慕人家写得精彩，又有意思。”这是2013年12月。《惜别》估计正在写作中。

“父亲去世，我的人生第一幕结束了；母亲去世，我的人生第二幕结束了；那么现在是第三幕，也就是最后一幕了。”

闻之凄切。

（2014年8月25日刊登于《深圳特区报》）

人物速写

宋以朗的《宋家客厅》最近很火，他把父亲宋淇与一众老友通信的信件公布，从中可以看到我们熟悉的钱锺书、傅雷、吴兴华、杨绛、夏志清、张爱玲等不为人知的人生况味。比如香港有名的影星萧芳芳，母亲是成家和，成家和是刘海粟的前妻。成家和的妹妹成家榴，一位绝色的女高音歌唱家，是傅雷的女朋友。成家与傅家是邻居。傅雷的妻子朱梅馥经常打电话给成家榴："快来，你来了，他才能译下去……"张爱玲写的短篇《殷宝滟送花楼会》不让宋淇刊登，理由是“写得实在太坏，这篇是写傅雷的。他的女朋友当真听了我的话，到内地去，嫁了空军，很快就离婚，我听了非常懊悔”。……

《宋家客厅》人物角色众多，关系复杂，倒是极佳的八卦佐料。宋以朗并没有以此为出发点，只是忠实地还原信件的始末，以宋淇为主线，把父亲交游甚广、义气为人的一面展现于世人面前。至于旁枝和末节，则各花入各眼，全由读者私下评判。

还有一本书，王鼎均的《书滋味》，也是论书及人，臧否人物。王老的回忆录四部曲《昨天的云》《怒目少年》《关山夺路》《文学江湖》，曾由三联书店推出，一经上市轰动一时，堪称触及灵魂的壮阔史诗。如今他90高龄，话语犀利，毫不保留：“我早先读过林耀德、平路、莫言、韩少功，后来再找残雪、马原、王小波、孙甘露，略窥梗概，一览众山。中国化了的后现代，或者说局部化了的后现代，是驯服的烈马？是摹写的兰亭？”“我也是小学时代亲近冰心，后来觉得她的语言夹生，节奏紊乱。”“我不喜欢鲁迅，那时我从未说出口来，即使是今天，说这句话还有些胆怯……我拒绝变成这样的人，我也不能欣赏、不敢亲近这样的人。”“我也不喜欢巴金、茅盾、郭沫若，他们都是高大的文学偶像，我对他们的成就总有几分怀疑。……他们根据革命的需要拼贴情境，构成语文的世界。”这些句子流经王鼎均笔端，跃然纸面，我忍不住破了不涂抹的戒，用黑色圆珠笔一道道画了线，做了记号。他当然也讲了很多作家的好，如沈从文的《边城》，论与水有关的故事，它无疑是最精致完美的一个，被称为“诗体小说”。他说阿城写《棋王》的勇气是惊人的，当年海明威写成《老人与海》，还得引经据典，而阿城完全是抛开了束缚……书的滋味，是不是就该这么读？

说到作家写人，还有一位我一直非常欣赏的，台湾翻译家、作家林文月。她把近年来在《联合副刊》《人间副刊》上的一些人物随笔结集成了《人物速写》，最近由广西师范大学出版社出版，书中收入10个人物，以C、A、G、L、J等字母作为代号。文章延续林文月一贯温婉娴静的笔法，聆听、叙述，戛然而止。F篇，写的是傅汉思：“F教授不是能说善道的人，谈说的范围多半不离学术和学院，表情也相当严肃，偶尔触及幽默有趣的事节，也只浅浅地笑，矜持中带些羞涩的样子。”可惜对F教授的夫人张充和着墨不多：“一幅撒金扇面的楷书给我印象最深刻，那上面写着数阕她自填的词……”董桥说：“林文月终于这样挑战她笔下的人物也挑战她笔下的自己。那些人物落笔之初只见忽明忽暗的线条，再经淡彩一一渲染，染出的却是她的内蕴气质投射到别人身上的光和影。”

我倒看到“波澜不惊”，于无声处响惊雷。

（2015年6月7日刊登于《深圳商报》）

北京城的传奇脊梁

知道北京中轴线吗？能把它所在的各个门名称讲清楚吗？这些门在明清时代又起什么作用？……

曾经在北京读大学待了五年，前门逛过，天安门登过，天坛玩过，故宫走过，景山爬过，鼓楼路过……但对于中轴线，至今也没搞清楚。蒲蒲兰新近出品于大武绘本《北京中轴线上的城市》，注明“适合5岁以上亲子共读”。我超龄在几倍数以上，捧之读之，深感正逢其时。

开篇即是“古老的北京在三千多年前就开始建城了，古称蓟，历经元明清三个朝代逐渐形成了后来的北京城”。像老爷爷讲故事，中轴线的大门由此打开——

自南向北，一路前行。南起永定门，东西两侧为天坛和先农坛；来到正阳门，俗称前门，聚集了很多老字号店铺，如全聚德烤鸭店，同仁堂中药店，内联升布鞋店，瑞蚨祥绸布店；前行，穿过棋盘街，到了大清门，此为皇城的南门，当时只有宫廷相关人员才能入内；继续向前，到了天安门；北边即是端门，东太庙西社稷坛，皇帝每年祭祀的地方；接着到了午门，紫禁城的正门，每逢宫中举行朝会或大典，百官先于此门外集合，再进入外朝。外朝三大殿，太和殿、中和殿、保和殿，是朝廷的政治中心；再往北，到了乾清门，内廷的正门；继而是乾清宫，此处为皇帝的寝宫；交泰殿，保存皇家玉玺的地方；再而是坤宁宫，皇后的寝宫；东边有景仁宫，康熙在此出生；钟粹宫，咸丰在此长大；西边有储秀宫，慈禧长年居住，并生下同治皇帝；继续前行，到了坤宁门；继而是神武门，紫禁城的后门，后妃及皇室人员出入皇宫的专用门；往北就到了景山，中轴线上最高点，也是皇家御苑；然后是寿皇殿，它在景山背面，供奉历代祖先神位；接着是地安门，皇城北门，与天安门南北相对；再向北，即是鼓楼，夜间打鼓报时的楼阁；钟楼，中轴线的北端，东边是安定门，内城九门之一，军队从此门出发；西边是德胜门，军队凯旋从此门进城。自此，清代中轴线结束。

7.8千米长的古中轴线如同一部完美的乐章起伏有序，大气辉煌。于大武爷爷说，清代的北京城，最重要的建筑都在这条中轴线上，有人将其称为“龙脉”。

我也算是“宫里有人”了，学长祝勇供职于故宫研究院，得此先机，曾在宫里逛过一些“禁区”，如慈宁宫、寿康宫、春华宫、寿安宫以及修缮中的“雨花阁”，走过宝华殿，还到“御厨房”尝过御膳。慈宁宫为前代皇贵妃所居。清朝的前期和中期是慈宁宫的兴盛时期，当时的孝庄文皇后、孝圣宪皇后先后在这里居住过。顺治、康熙、乾隆三帝以孝出名，慈宁宫经常举行为太后庆寿的大典。寿康宫是太后、太妃们的养老之地，道光朝的孝和睿太后、咸丰朝康慈皇太后等都曾在此颐养天年，慈禧晚年也曾在此小住。

后来得知，祝勇早在2006年于辽宁教育出版社出版了《北京：中轴线上的都城》，当时，他还没“进宫”。其后又写了《故宫的风花月雪》，作家宁肯评价其“让人感到故宫的再生”。

对中轴线美的探寻，估计大有人在。梁思成就说过，北京独有的壮美秩序就由这条中轴线的建立而产生。

一个方向感很差的人，在一座城市迷失了多年后，时隔若干年，重燃起解读它的兴趣，抑或是某种怀旧？

（2015年6月21日刊登于《深圳商报》）

闲话《开卷》

前两天，南京董宁文兄寄来两期《开卷》，2014年第五期和第六期。

翻开一惊，《开卷》已到171期了。时光如梭，快得让你有失忆的恍惚和惊恐。

2008年，《开卷》100期，我曾以微薄之力，向这本体态貌似“寒酸”的民刊致了敬——在所供职报纸的阅读版面整版做了一个专题“《开卷》百期人书尽乐”，也因此与杂志中的很多作者结了缘。

《开卷》曾是南京一个读书俱乐部的会刊，除了封面封底，内文只有28页，每期印数不多，会员可以免费得到，此外，作者及一些书友，也有缘获赠。它是一本纯粹的读书刊物，以书话和掌故为主。作者群阵容豪华，有谷林、黄裳、流沙河、钟叔河、朱正、邵燕祥、陈子善等，曾有书友将之与《读书》《万象》相比，但《开卷》始终朴素示人，低调行事，以文说话，洁身自好。

百期时，《开卷》搞了庆贺活动，自娱自乐，却因有黄苗子、王世襄、于光远、谷林、冯其庸、杨宪益、吕剑、何满子、黄宗江等多位名家题签，坊间动静很大，影响甚广。朱正引鲁迅先生诗句为赠："扫除腻粉呈风骨"；谷林题"豁然开朗，簇生卷耳"；邵燕祥题"读书人在民间"；杨苡"我欣赏《开卷》，它像是能放在衣服口袋里的一个小小的文艺沙龙"……书友们写得最多的，是"开卷有益"，流沙河推陈出新题了"果然有益"……当时还推出两本纪念集子《凤凰台上》和《我的开卷》，前者是百期作品精选，后者是书友与《开卷》的结缘故事，由译林出版社出版。

就是这么一本薄得几乎拿捏不住的小册子，跻身于拼封面拼纸张拼包装的书时代大潮中，岿然不动。从样式到刊物定位、内容主旨，一如既往。主编蔡玉洗，执行主编董宁文，版式设计速泰熙，一如既往。难怪南京作家薛冰说，这些年刊物“改版”成风，好像没有几家不曾换过新装。《开卷》却依然故我，充满自信。

翻开《开卷》2014 年第五期，是来新夏专辑。这一年 3 月 31 日，《开卷》作者、历史学家来新夏去世。《开卷》约来 12 篇悼念文章，有韦力的《追忆来新夏先生》，陈子善的《重剑无锋——忆来新夏先生》，薛冰的《春去不见来新夏》，罗文华的《来公题赠“读书是福”》，韦泱的《来新夏，从研究北洋史起步》，彭卫国的《书缘依稀忆来公》，子张的《“但求解古人故旧之沉郁……”》……扉页是来新夏先生的墨迹《书缘》，圆融，苍劲。“开卷闲话”中子聪说：来新夏先生十多年来，赐稿颇多，每有约稿，有求必应。特做此纪念专刊，以表示对来新夏先生的感念之情。

子聪便是董宁文。《开卷》每出一期，附在末尾的

“闲话”便有署名“子聪”的作者写一篇文章，天南地北交代书友动向，书信往来，新书信息……或长或短，一如当年扬之水编《读书》时的“补白”。摘录一则：“3月26日，余佐赞从上海寄赠《舒芜致胡风书信全编》一册。关于书信的来历与编排，舒芜在2006年4月14日写过一个小记：这是我写给胡风先生的信札142封，兹据复印件编注发表，提供一种新文学史料。……”很多文坛信息便可从“闲话”中获知。

与董宁文微信，聊起《开卷》，对话框里发过来的文字，闲闲的，淡淡的，有着老派编辑不显山露水的作风。

不声不响走到了今天，《开卷》竟有14岁。

（2014年6月17日刊登于《深圳特区报》）

刘小磊和“书架上的神明”

有这么一些人，你平时很难接触到，突然齐齐出现，告诉你他们读的书以及一些私密的感悟。你除了醍醐灌顶、脑洞大开，是不是觉得赚到了？

这是一个“座谈会”，发言者众。美女学者刘瑜先开场白，在思考自己要读什么书之前，最好先问自己，关心的到底是什么问题，只有真诚的问题意识才能引向真诚的阅读。接着，经济学者何帆发言，我可以为你列一个长长的书单……但是那些爱情般的阅读已经不再会有了，这是一个必须经历的蜕变，因为曾经读过的书必须忘记，曾经相信的真理必须放弃，写过很多字说过很多话之后必须沉默不语。德高望重的袁伟时教授接过话头说，让我受益终身的是胡适教导学生的意见——怀疑。“要教人疑而后信，考而后信，有充分证据而后信。”旁边帅哥教授周濂点头附和，读到维特根斯坦的《哲学研究》，有“天亮了”的感觉。其中两个警示：不滥用超级概念，以及少做甚至不做宏大叙事。朱维铮老教授继续说，我自知没有过目不忘的天赋……凡涉及古今历史的时地人事，尤其在“是什么”问题上不敢苟同前贤时彦所下裁断者，总要翻检前列诸书并力求核对原出处，所谓征而后信，才敢上课下笔。张五常先生晃着满头银发说，我的实践学术生涯是从不再读书的30多年前开始的。到处看世界要靠自己的观察才作得准，避书有利。学者王焱最后总结，读书改变命运之说，实在是误尽天下苍生。他声音虽小，却挟雷霆万钧之势。

……

72位学者，敞开心扉，循循善诱。我屏息静气读出一个道理：看他们读的书，长自己的见识。这方豪华阵仗，当然不是凭空而来。13年的光阴，终得凑齐了这一场聚会，其中有人已驾鹤西去，静寂空位上唯有余音回响。

人们不禁要问，谁是组织者？

且听慢慢道来。某次北京饭局上，《南方周末》的刘小磊与汉唐阳光老板尚红科窃窃私语，夹肉涮锅的我听得一耳朵，大意是一起找个题目合计合计。那是五年前的事。

每年11月，深圳读书月十大好书评选拉开序幕。老尚的书，范进中举似的年年进了一百，进了五十，进了二十，最后进十，好书连连，延绵不尽。评委刘小磊，只要是他中意的好书，都会拼了命推之荐之，直至众评委认之评之，前年他鼓与呼汪家明编的《小艾，爸爸特别特别地想你》，去年举荐曾彦修的《平生六记》，这些好书最终都进入了人们的视野。印象里，他特别坚韧不拔，跟汉唐的好书一样。

问他，跟老尚合作的事呢？他嘴角一咧，只笑不答。见一次问一次，答案如一。今年我决定不问了，爱干吗干吗。前不久，收到了汉唐阳光李占芾寄来的新书《我书架上的神明——72位学者谈影响他们人生的书》，书大16开本，素玉色封皮，没有任何花边，跟坊间其他精装书相比，彻底质朴无华。翻开，主编刘小磊。哈，这不是刘小磊所在报纸版面“秘密书架”专栏文章的结集吗？书封上写着“当代知识分子的思想资源和心路历程”，封底印了张五常、刘瑜、钟伟三位学者提纲挈领的话，其中最喜钟伟这一句“人生只是一种阅读习惯，因为天堂大致就是图书馆的模样”。

微信刘小磊，有空写关于你关于书架神明。他回答，这个太难写了，十年后或许会好点。

是哪个太难写？关于他，还是关于书架神明？

（2015年8月9日刊登于《深圳商报》）

戴新伟书单上的大师脸孔

戴新伟寄来他的新书《许多张脸，许多种情绪》，扉页上毛笔题签“雪呆子兄一粲”。

这句话像个暗号，我们瞬间在十多年前的天涯社区“闲闲书话”接上了头。当年网络 BBS 新生，“闲闲”宛如革命时期的延安，各路人马云集，身上的马甲就像通行证，只要自报番号，天南地北自是一家亲。庆幸的是，这种优良传统保留至今，一声吆喝，旧缘重续。

这是一本读书随笔集，戴新伟说：“拉杂写了一些文章，这次凑在一起，它们无一例外地都有点拉杂……在关于书的叙述中总是有一些缓慢而宽泛的东西。这或许是我对于类似评论文章的看法。”

写书写人写读后感，可不就得“拉杂”嘛。他写了很多人，索尔·贝娄、伊萨克·巴别尔、沃伦、塞林格、理查德·耶茨、新井一二三……还有一些人，我凑巧也认识并交往过的，越发看得仔细些。比如钟叔河先生，戴新伟写他的《青灯集》，“读钟叔河，则觉得他谦虚地隐没在周作人的‘黑暗’里”“是他自己的面目，而非周作人式的”。钟老爷子的文字也是我喜欢的，《念楼集》《念楼学短》《学其短》皆短小文章，体量小、密度大、常识多，文风颇受知堂老人的影响，平实雅淡、信手拈来、从容不迫。我更喜欢钟老爷子谦虚做事厚待晚辈的做派，他总说，你们愿意写，很好，要多写。

还有古剑，古先生多年前曾邀约了颜纯钩、叶辉等一批同好帮我撰写专栏文章，文章以邮件发来，我们排版时需简繁置换，有时字义不解，沟通颇费一些周折，不过他似乎也能理解。当时他常从珠海到深圳，茶余饭后，聊些文坛逸事，算是一乐。就像戴新伟写的“他笔下的香港作家群体是现在时，充满了在场的细节，也是历史的……古剑都有自己不失人情味的看法”。其中有大学高一届的同学戴厚英，有向他推荐了余秋雨《文化苦旅》后又成为四位“咬余专业户”之一的沙叶新，还有事先要书稿订金的陈平原……古先生一肚子掌故，也守着一肚子秘密，哪天抖搂开来，便也会惊天动地。

小戴提及的还有《非常道》的余世存。余兄年轻，做的是远古的事。今年与《易经》干上了，推出大部头《大时间》，希望“人人皆知天文”，确立自己的人生坐标。可惜天气酷热股市起落，人们对他的赤子之心并未能完全领会。

李安的同学舒国治、《重访鲍德温书仓》的钟芳玲，以及《流浪者之歌》的林怀民……在小戴笔下，台湾文人大都古风浩荡，优雅呈现。

戴新伟网名“易大经 123”，去看他的微博博客，晒的不是抄写的册页，就是友人篆刻的印章，还有《易大经读书图》。他谈自己心目中的书房，“一个可以关上门的房间，不论它有多么小”。他当然是书痴，头顶那一排书是梭罗、加缪、蒙田、奈保尔、赫拉巴尔、博尔赫斯……今年春天，巴斯贝恩的《文雅的疯狂》到广州宣传，他与译者陈焱对谈，两个书痴讲100多位藏书雅痞的故事，果真对路。

“早年混迹天涯社区闲闲书话，有两枚巾帼ID不让须眉，风格超迈常人，一署碧玉聆，谈宗教与诗歌；一署管风琴，谈古典音乐，一扫论坛的文人酸气，当时我就震惊了。”戴新伟终念旧，书里回到“延安”。看他的文章，才知道，碧玉聆真名倪湛舸，管风琴真名马慧元，两人皆才女。

可是，怎么没有雪呆子？

（2015年8月16日刊登于《深圳商报》）

人类要管住自己的嘴

每个吃货都会标榜自己的美食经：烧红的铁条刺进猪的身体，这样它们的肉会甜美鲜嫩；鳗鱼活活扔进火中，翻跃中熏味更足；活鹅净毛后，浇上黄油，慢慢烤熟，端上餐桌时，在它还未彻底死去时撕开肢体吃个精光；鲻封装进玻璃瓶中，缺氧状态垂死挣扎时，身体的色彩变化出多种层次，然后食之……他们津津乐道：这样最美味了。

对，就像牛肉店老板，会大肆宣扬他们的牛排来自含笑而死的牛。日本著名的神户牛，一磅售价是150美元。为何？因为它们的喉咙在被割开之前，先喝了啤酒，享受了按摩……

这些血淋淋的生吞活剥会让素食者和动物保护组织抓狂，美国作家斯图尔德·艾伦在新书《恶魔花园——禁忌食物的故事》中举了很多这方面的例子。医学专家称，动物急促运动时体内会产生一种碳水化合物，叫糖原。当动物死亡时，它可分解肌肉，使其更加鲜嫩。也就是说，惊吓之后死去的动物，体内糖原耗尽，肉会变硬变涩；安详离去的动物，肉则特别可口。

想起去年在沈阳一条街，午后的露天餐馆里，一头雪白小羔羊，正全情啃着它面前一大丛嫩绿的三叶草，又时不时抬头看前方，眼睛清澈见底，充满善意，似乎想拥抱世界。却不知，旁边等待它的是磨刀霍霍的宰杀台。我不忍最后时刻的到来，匆匆结账走人。都说羊临终前会流下失望之泪，无能为力的我，那一刻似乎成了屠夫的同谋。

想必刚宰杀的小羊，肉分外鲜嫩。19世纪的美食家萨瓦兰说，“真正的贪食者，与征服者一样，不会为痛苦所触动”。古罗马人为了刺激迟钝的味觉，会把暴力当开胃酒。而人们在咀嚼薯片等零食时，咔嚓作响的听觉效果，不禁让人联想到愤怒情绪，如骨头断裂的声音，尖叫声，粉碎声，或是撞击声……科普作家博达尼斯研究后发现其中隐匿了暴力因素。

《恶魔花园》的三位译者中有一位叫朱天文，与台湾女作家朱天文同名。想起有一年到台北，朱天文的妹妹朱天心跟我说，他们全家专门收留街猫，参与和组织流浪动物保护行动，至今已有二十多年。台北家中，常驻的猫二十多只；家外头，沿固定路线喂养的达四十多只。猫儿太多，每天煮猫食，喂猫，成了一件重要的事情，也占去了很多时间。朱天文曾为找一只小猫，全身伏在跳蚤横行的地上找寻，于是，蚤辈跟着朱天文回了家，以致全家人一会儿挠这儿一会儿痒那儿的……

写过《动物档案》《一只蚂蚁领着我走》的著名女作家蒋子丹也是一位动物保护者、行动者。她养过一只猫，十多年了，走哪带哪，后来猫寿终正寝，她将之埋在花园里。为了纪念，她把天涯论坛的ID起名“老猫如是说”，并以此创作自然文学题材《因界无边》。2008年她到深圳参加“自然论坛”，曾做了一番发言：“一个城市居民，牵着自己的宠物狗上馆子，并不妨碍他点菜的时候，要一份从活鸡脚掌心挖下来的‘掌中宝’，或者用猫和蛇炖出的一锅‘龙虎斗’。出于健康考虑，他会选择以活体黑熊胆汁粉入药；出于娱乐需要，他会热衷观看老虎扑活羊的动物表演。他对动物的关怀，非要等到一些特别的时刻才会显现，比如他的狗在小区里遛，被邻居故意投放的毒骨头诱杀，他定会仰天长叹人心不古……”声音慷慨激昂，全场静寂。

《恶魔花园》貌似写吃，囊括了一系列与宗教、信仰、罪恶有关的食材故事。作者艾伦不厌其烦列举种种，主旨终究一个：人类要管住自己的嘴。

（2015年6月28日刊登于《深圳商报》）

透过杜拉斯的作品看杜拉斯

没有面孔、没有身份、没有国籍，只有荒唐的想法和荒谬的行为。一位既不知道身在何方，也不知道自己是谁的女人。如果人们要给她下定义，她会惊惶失措。一位失去社会地位的人，一名与外界断绝联系的流浪者。但决不会是看破一切的人，决不是！相反，她对看到的一切都充满热情，对每个普通人和特别的人都充满无限的爱……

看到这段话，我开始集中注意力——一直以来，我在为自己的生活状态寻找一种依据。我知道自己皮囊表层下，有多个“我”存在。这些“我”有时和平共处，有时厮杀。不需要任何道德范畴来规范，也不需要任何荣辱标准来评判。仅仅以一种状态存在。这种状态有时看起来超越常规甚至不可理喻。即便如此，它却是“我”这个人真正的生存状态。无可改变，一意孤行。我清醒地意识到这种状态，但自己解决不了状态存在的合理性，即存在的依据。夜半醒来的时候，或是早上睁开眼的刹那，我总开始彷徨、迷惘、困惑，如黑暗中的舞者，无处着力。那是一种深深坠入“黑洞”的感觉，不知何去何从。直到我看到以上这段话——法国弗莱德里克·勒贝莱著的《杜拉斯生前的岁月》，杜拉斯某个时期的某个侧面，也是她为政治影片《卡车》设计的女主人公的形象。我开始觉得这段描写与我现在的状态非常吻合——模糊、混沌、隐约、缥缈，既不需知道身在何方，也不需明了姓甚名谁，没有面孔，也没有身份，唯有荒唐的想法和种种荒谬的行为。我需要这种解释。哪怕它不足以成为依据。至少它能给我一种参照，行动的或是精神的，看得见，摸得着，并且告诉我，这种状态的确是存在的，你不是唯一……

此前，我一直拒绝看杜拉斯的书。提起这个名字，便起条件反射：面容丑陋、性情像石头一样又硬又臭的女怪物！这两点原因，让我几年来不想翻她的任何作品，尽管梁家辉主演《情人》的美丽画面到处可闻可见。

杜拉斯是个高产的作家，将近100部的作品，10年间拍下了17部电影……她是个独立的或是始终的叛逆主义者，对任何荣誉或褒奖绝不迎合："我的一生也许是毁了，因为我只做了这些。""我什么都不是。"但她又极重荣耀和追捧，对自己的作品百读不厌，并自恋到一种地步："这真是我写的吗？……真的太好了！"

阅读杜拉斯的作品，很难。结构的支离破碎，语言的重复行进，故意的"不叙事"，框架硬朗，枝节横插，有时让人无所适从。我承认自己绝对没有耐心去阅读她作品的十分之一。直到现在，仔细读完的也只有王道乾翻译的《情人》——"这本书文学得看不出任何文学的影子来。人们看不见它。它就像血液在人体内一样。"

这当然是杜拉斯的话，她甚至说自己没有编造过一个逗号。这是一个十五岁半的白人女子失去童贞的故事，背景，隐约有爱情的影子——“当轮船发出第一声告别的汽笛鸣声，人们把跳板撤去。这时，她也哭了。她虽然在哭，但没有流泪，因为他是中国人，也不应为这一类情人流泪哭泣。也没有当着她母亲、她的小哥哥的面表示她心里的痛苦，什么表示也没有，就像他们之间惯常所有的情形那样……”

算不算爱情？对一生追逐的杜拉斯来讲有点模糊。“在酗酒之前我就有了这样一副酗酒面孔。酒精跑来证明了这一点。”就像十五岁半的少女踏上轮渡，看到那辆黑色利穆新轿车那一刻，她知道了自己将会改变身体、生理、心理、生活一样，“对它我早有所知”。她等候着这一切的到来，而且全在自己掌控之中。54年后当70岁高龄的杜拉斯着手回忆时，她知道自己丢失了少女最美好的自由和属于那个年龄的纯真，但这又有什么要紧呢？三个月的写作，首印25万册5天告罄；第二次印刷10万册两天售空。书被译成42种语言风靡全球。模糊的爱与欲一直是杜拉斯作品的主题，也是她一生的主题。

杜拉斯对婚姻、家庭、爱情、欲望有很多颇有个性的感悟和体验，这里且不管它正确与否，至少，它体现了一种存在，像《卡车》里模糊面孔的描述。

首先，家庭观："任何形式的夫妻制都既可恨又无聊。"当狄奥尼斯出现时，她便执意使他和丈夫罗伯特一同分享她的感情，并在默契中临时建立三人生活（这与莎乐美的三位一体生活法很相似）。她达到了目的，用这种新的"生存艺术"来修改了夫妻制，但她未能满足，并没有将其视为最终理想。

其次，情人观：为了孩子，她还得和狄奥尼斯生活在一起，但她不断地逃避。她出去找男人，夜深方归。她必须走向新的身体，新的情人。她迷恋爱情，喜欢爱别人。每当她渴望时，她就去爱。每一场艳遇都不会妨碍下一场艳遇。在情欲艳史面前，她不后悔。因为她像孩子一样任性，像她的作品一样坚强。自从那个中国情人后，她总是准备好接受来人，无法抵制。

一种力量，如同一种思想牢牢地扎根在欲望重心，快乐接近这个重心，却永远无法抵达。做完爱后，她说："完了。"

杜拉斯的情人观让我想起她的另一本小说《直布罗陀海峡的水手》，一个无拘无束的独身女子，跨过千山万水倾毕生时间寻找她所爱恋并已消失的男人。她和别人的艳事只能是短暂的，肤浅的。为了找到心中的他，她走遍港口。当她和遇到的男人做爱时，她总推开对方，说："不是他。"每次都有点像他，却又不是他。她抱着找到他的希望，但她显然是找不到的。这是小说，也是杜拉斯的真实写照。她倾其一生在寻觅，但身体的欲望总比她更了解她喜欢的究竟是什么——"欲望难道不是人自己的欲望吗？欲望难道不是分散欲望的反义词吗？"

我喜欢杜拉斯在性与欲上见解的直率。在《街心广场》，她描写了两个人物，互不相识却坐在一条长凳上以交换内心秘密作为消遣。杜拉斯这么阐明她的用意："这些随处可见的人，在对其幸福的表达方式上颇有个性，但在表达其需要的时候，却和其他人一样，没什么差别。”这里道出了所谓爱与欲、幸福与需要的差别。爱，可以追求不同的层次；但动物的本能，往往只能是相似的。杜拉斯也承认，“总是在所有的艳遇上打上相对的烙印，然而必须忍受”。这成了一句谶言。不知是不是性与欲的挥霍无度，杜拉斯的容貌竟在18岁到25岁之间经历了一场巨变。“这张面孔出人意料地”，线条、眼睛、嘴、前额的比例都变了，让人感到震惊。她完全变了模样，人们把这种相貌称为“两栖类”。

再次，奇特的爱情观：杜拉斯晚年有过一次动撼世人的爱情之旅，66岁的她与27岁的雅恩共坠爱河，直到生命逝去。不管这算不算是一种爱情，从杜拉斯其他情爱小说，可以看到她喜欢在一男一女纯洁的愿望中捕捉爱情，尤其在身体接触改变这种纯洁之前。在这种微妙的情感下，她写成了三个短篇：《蟒蛇》《多丹夫人》《工地》。这很说明作为女性的她潜意识里对纯洁的爱有一种认同和追求。

“当她为一位27岁的年轻人打开了她黑岩楼的大

门，这位年轻人一脸怪相……她知道他为她远道而来。她对他说，我认识你很久了……”雅恩到黑岩楼的第二天，他成了女作家的情人，之后便不是了。他嫌弃她的身体，无法在肉体上爱她，但这不妨碍他们之间的奇特爱情——杜拉斯如此解释这种爱情：一种莫名其妙的力量使这些人不敢承认他们彼此相爱。事实上，他们彼此相爱，但是，这种爱是模糊的，不能清楚地表达出来，它捉摸不定，软弱无力。但这就是爱。有一种困窘是他们共有的，也是每个人独有的，这是他们感情的纽带。发生在他们之间并将他们联系在一起的某种东西，他们意识到了吗？我不知道。他们比别人更了解在爱情中保持沉默的含义，却不知道如何去体验这种爱情。他们好像生活在别人的爱情当中……这是些不知道彼此相爱却体验着同一种爱的人。爱这个词不会从他们口中说出，也不会因性欲表达出来，完全说出来……不会的。

杜拉斯生命虚弱的阶段，雅恩伴随着她。她眼里，他无所不在。“我不知道爱是否是一种感情，有时我觉得爱就是看，就是看见你。”“你和大海，在我看来是连成一体的……”

中国情人，雅恩，还有许许多多的人，都是杜拉斯生命中的爱人。杜拉斯以其顽强的生命力，爱“人”、爱“身体”、爱“情”、爱“写作”、爱“生命”……尽管她说，什么也不是……

“我们总比别人更不真实。人们很少看自己，在生活中也是如此。”我试图透过杜拉斯的作品看杜拉斯，哪怕皮毛一点，也算是有所获。我希望《卡车》的女主人公得以自由自在地生存，也希望自己看着书的容颜不会哪一天发生大的变化，要变，但愿好看一点点。

（2003 年 1 月 11 日刊登于《深圳晚报》）

生活就是串味儿

——读卡尔维诺《寒冬夜行人》

再过一百米，就可以到游泳池了。这是一个中间点，跑到这里，等于攻克了一半的路程。

习惯了夜暮下慢跑。只要融进夜里，跑动起来，心里就渐渐安稳起来。《寒冬夜行人》里被电话铃声追逐的“我”，每天上课之前，也进行一个小时的慢跑。“跑步比起其他运动项目，有这样一个优点，每个人只顾跑自己的，无须向别人说明什么。”对极了，无须说明，也无须等候。纯粹个人的运动，不需要合作。

数着参照物一个一个地跑，尽可能放慢速度，用力甩开手臂，高高抬起脚后跟，轻轻落地，不断调整呼吸，吸气、吐气，不让寒气过度入侵肺部……

高高的白炽灯把游泳池照得亮如白昼，栅栏里的水蓝蓝的，隐约听得水声哗啦哗啦。冬泳的人，需要毅力。栅栏外，棕榈树摇着叶影，冷得发抖。这时候，我身体开始发热，呼吸重了起来，腿有了灌铅之感，似乎听到另一个咚咚的跑步声。

“我”一个人跑，耳畔总听到电话铃声。是幻觉，还是现实？卡尔维诺一点都没作交代。总之，“我”后来绕着不断响着铃声的房子跑了三圈，铃声还在继续作响，像在等待他的接听。最后，他忍无可忍地拿起话筒想告诉对方主人不在时，却传来这样的声音：“注意听着，玛乔里在这里，被捆着，逃不了。你来把她接走，很好；否则，地下室里有一桶煤油和一个定时器，半个小时之后这房子会变成一片火海。”电话挂上了……

《寒冬夜行人》里交织着太多这样悬念十足的故

事。刚看到紧急关头，乐曲断了，指挥棒不再挥起，乐队甚至连谢幕都没有，悄然隐退。书很薄，却被一个又一个的线头扯得极乱，名字一个接一个，“我”、“你”、“他”、男读者、女读者……永远在纸页间跳跃，此“我”非彼“我”，你一定要记成是这个“我”，就错了，因为，此刻，已是另一个“我”。你得拼命记住，不记住不行，那些被咬了一口的热包子还没来得及吃到馅呢。

1985年，代表意大利的卡尔维诺获诺贝尔文学奖提名，飘泊一生的帆船正要驶入港湾，命运却跟这位用小说开尽玩笑的作家开了一个真正的“玩笑”——脑溢血突发死亡。卡尔维诺留给读者的，除了20多部著作，还有他独有的幻想力、创造力。“我真想写一部小说，它只是一个开头，或者说，它在故事展开的全过程中一直保持着开头时的那种魅力。”《寒冬夜行人》里的一句话，却也是卡尔维诺的梦想和目标。

越过游泳池，再往前，是两幢新盖的高楼，都是28层的微利房，深圳的又一特色产品，专门分配给供职于企业又享受不了福利房的人员。一个女人在阴暗里打着手机，眼睛盯着楼上某一扇窗户。“我知道你在，你骗不了我……”远远的，我还能听见她那颤抖又坚决的声音。

迎面来的，是一对饭后散步的夫妇，妻子腆着肚子，丈夫小心搀扶着。为了共同的希望，那份对新生命的等待，是甜蜜的。小说里男读者和女读者最后结为秦晋之好，之后，也期待着爱情的结晶。“我们的时代是一统文化的时代，文化模式非常确切。我们必须遵循度过一生的思维模式，按照这些模式赋予人生中的各种事件以意义……”

《寒冬夜行人》里的故事，跨洋渡海，越过时空，在这个安静的住宅小区，真可以俯拾皆是。只要是生活，大同小异而已。用小说里一位身穿监狱看守服的醉醺醺的老人的话说：“生活是什么？就是串味儿。”各式各样的味儿，酸甜苦辣，百感交集，应有尽有。

（2001年11月17日刊登于《深圳晚报》）

心的“房子”

——读奈保尔《毕司沃斯先生的房子》

奈保尔是个刚毅的作家。他的强势，源于他的独立思考。一种独特的视角，独立于别人也独立于自己，使得他始终以“旁观者”“外来者”的姿态，审视、剖析、透视并客观地展现殖民文化和后殖民文化。

瑞典文学院称：“奈保尔是一个文学世界的漂流者，只有在他自己的内心，在他独一无二的话语里，他才真正找到了自己的家。”

我总在怀疑，像奈保尔这样刚毅的作家，会在乎能否找到“自己的家”吗？这样的作家，抑或会刻意不给心灵停靠，不建“心”的“房子”，而以漂流者的姿态，保持一种头脑的清醒和良知的警觉从事所谓的“文学”吗？

对此我只是猜测。这种猜测从看了《大河湾》起就产生并执着地存在。

《大河湾》给我的感觉是暗色调：褐黄、暗黄、灰黄、沉黄、土黄……逃不开凝固的色块，繁重、压抑、沉闷，甚至晦涩。色彩大块大块地垒上，与其说是一部小说，不如说是一篇冗长的叙事论文。情节缓慢，场景重叠，细节烦琐，理性地、谨慎地、克制地还原某种过去式。唯有的，是主题明确——“以严厉且敏锐的方式掌握眼底的人生辛酸而完全不透露任何希望或立场”（《纽约时报书评》）。

凭借其刚毅的思想，奈保尔获得了诺贝尔文学奖。有思想的作品，往往太有重量。

那天，我翻阅《记忆》第三辑，看到一篇黄灿然译的奈保尔写的《我写毕司沃斯先生的房子》。“1961

年我看完校样之后，就再也未读过它……再接触这本书是两年前，也即1981年，当时我在塞浦路斯一位朋友家中，我们打开收音机，英国广播公司‘对外广播’正在重播它。我倾听。没一会儿我就流泪了，被我二十年来试图躲避的感情淹没……”

一个心目中不畏强权、蔑视、偏见，不入门派的刚毅作家，流泪了……

我开始读《毕司沃斯先生的房子》。我把毕司沃斯先生当成奈保尔的父亲，并试图把毕司沃斯先生唯一的儿子阿南德当成奈保尔。我甚至把它当成奈保尔纪念父亲的文章或自传片段来读，细细地体味小说中的场景和细节、人物与对话、流露的情愫和蕴含的感伤……奈保尔说，在他所有的书中，这一本在感情上最贴近他。它是最个人的，出自他小时候的所见所感。

毋庸置疑，这是一部与奈保尔后来其他作品风格迥异的小说。它很个人化，故事性强，充满情感，甚至多少带点喜剧色彩。毕司沃斯先生——一个对环境不满，却又总是得过且过的人；对未来抱有远大理想，却又眼高手低、力不从心的人。他把自己“嫁”进了妻族，却又感觉自己堕入了圈套：婚姻的圈套、家累的圈套（结婚时没能从妻子家得到任何嫁妆，婚后不久又有了四个孩子）。他没有能力和魄力逃离这些圈套，便在幻想中逃离——关起门来朝妻子莎玛大吵大闹，咒骂妻族的人：“你有没有发现他们长得像两只猴子？这样，在屋外有一个混凝土的猴子神，还有两个住在家里的猴子。他们就叫这个地方猴子窝得了。嗯，猴子、牛、母牛、母鸡。这个地方就像一个该死的动物园，伙计。”任何的不快都可以引发这样的吼叫：“还不是你，都是你和你们家人把我害成这样的！”面对接连出生的孩子，毕司沃斯先生也未能尽到父亲的责任，自身的懦弱和无能最终导致了对人生的喟叹和无奈。

奈保尔企图以“房子”作为一个终结，一个追求的目标，一个人生的意义，从而赋予毕司沃斯先生生存的动力。小说的确是按“对一所独立的个人居所的追求”这样一条主线行进——毕司沃斯先生曾两次为自己建造一所房子，第一幢房子被甘蔗园的劳工纵火烧毁，第二幢房子又被自己烧荒的火所损。在经历了一次精神崩溃之后，他迈出了重要的一步，离家出走，并奇迹般地在西班牙港获得一家报纸的记者职位，生活因此逐渐改善，最后举债买了一幢自己的房子，完成了人生的终极目标，从而也走完了自己的人生道路——因心脏病去世。

作品可以看出奈保尔既同情又批判的态度。他有极强的运用细节的能力，透过场景，揭示人物心理的细微变化，继而成功地勾勒出人物的性格特征：

“厨房单独在院子里，是一座凑合搭成的屋子。屋子用弯曲的树枝当支撑，配上少量的波状铁皮为屋顶。墙壁的材料几乎什么都有：锡片、帆布条还有商店的货箱板。一面墙上开了一扇窗户，但是原来想要做成的长方形变成了斜长方形。”毕司沃斯先生在这样的环境里心安理得并不试图加以改变。他生活在一种临时性中，“对他来说，现时不过是一种过渡性的阶段，因此不值得费力加以改变。他们的真实生活不久就会开始。正是这种临时性，成了他懒惰的借口”（谈瀛洲序）。

“睡觉之前，阿扎德哈把拖鞋踢落在地上，腿蜷在摇椅上，一边缓缓地摇晃着，一边啜饮一杯热牛奶，他闭着眼睛，每啜一口就叹息一声，对毕司沃斯先生来说，阿扎德哈似乎在品味最精致的奢侈品。他相信当他长大之后，也可以像阿扎德哈那样享受一切，他发誓要买一张摇椅，并要在每个傍晚的时候啜一杯热牛奶。但是当这些夜晚来临的时候……当他坐在锃亮的地板上铺的坐垫上，要求一杯热牛奶的时候，他无法感受到那种深刻的快乐，而是有一种恼人的不自在……随后他就知道，一旦他走出院子，他仍然是无足轻重的，他要回到大路上的酒店里……”毕司沃斯先生尽管多数时候随遇而安，但内心还是清醒地认识到自己的身份和地位，这种清醒，促使他时不时地与环境抗争，如逃离妻族大宅，谋生，以及后来的买房。

作品叙述顺畅流利，充满了对事的个人见解，也具有一定的讽刺意味。如果说有瑕疵，个人感觉毕司沃斯先生这个人物刻画得还不够丰满、不够连贯，他的前半生是自怨自艾的角色，后半生开始春风得意，中间的过渡有断层之感。

《毕司沃斯先生的房子》，写成于1961年，是奈保尔早期的作品，有的评论将其视为奈保尔的成名之作。在此作品前，奈保尔还创作了《神秘的按摩师》《埃尔韦拉的选择权》《米格尔大街》。这一时期的作品都有一个相似之处，就是奈保尔靠记忆在写作。“多年的抱负和把自己当成作家，实际上已为我做好了写作的准备。我已是一个观察者，我已训练了我的记忆，并培养了回忆的技能。”“我从小养成一个习惯，会自动把每次会面和历险像新闻片一样在脑中反复重播，推敲和估量人们说话的意义和目的。当我在伦敦开始写作的时候，我曾以为我的生活是一片空白，通过写作这一行动，我发现其实我拥有和储藏了大量的东西。就这样，当我做了充分储备的时候，我便有了写这本书的念头。……当我自己那些完全清醒的记忆占主导地位时，这部小说便确立了，定了音调了。叙述的格局是一种逐渐扩大的视野和一个逐渐扩大的世界，虽然我相信它对所涉及的人物具有历史的真实性，但它也是我自己小时候的体验。作家的想象所依据的，是一个孩子——我本人的局部知识和他的直觉和情感。”

奈保尔用三年的时间完成此书，最后一年，他感到精神上和肉体上的疲乏。当意识到自己为这本书付出了何等代价的时候，他认为任何奖赏都不足以作为回报。“劳作结束，我发现，我不愿意再进入我创造的那个世界。我变得害怕这本书。”20年后，广播把记忆带回，那份深深隐藏的情感，再一次喷薄而出，奈保尔泪流满面。

谈瀛洲把奈保尔的创作阶段一分为二：前期走的是用文学反映社会生活并赋予其一定道德主题的道路；后期转向，开始游记写作或进行基于旅行经验的小说创作，对多个后殖民地社会的社会形态、社会心理深入剖析。《大河湾》便归入这一时期的这一系列。

从个人角度出发，我更喜欢奈保尔前期的作品，像《毕司沃斯先生的房子》这种贴近自己情感、为“心”找寻“房子”的作品，至少，会有泪流。

（2002年9月刊登于《深圳晚报》）

美丽文身

——有感哈金《等待》

一本叫《雕刻的身体》的有关文身的书，封面是一张女子后背的彩色文身图案——由四个对称圆圈排列组成的世界版图，左圆圈包括美洲，右圆圈是欧亚大陆和非洲，上圆圈是北冰洋及周边版块，下圆圈为太平洋岛国。四个圆圈外有蓝天、云朵、天使、太阳、海洋、美人鱼、绿树、小岛、白天和黑夜……一幅刺青，把人类发展的社会、历史、文化、思想、宗教、风情、习俗表现得淋漓尽致。我承认自己当时看得心灵激荡。

美丽的外延下必有美丽的内涵，每个人都如此希望，我也不能例外。然而我却看到了瑕疵——在这儿，人们随心所欲，男人们和女人们当众脱下衣服，展示的不仅是文身图案，还有其他的其他……

这种失望的感觉，与我看完哈金《等待》如出一辙。

等待哈金的《等待》，好久了。大约是一年半以前，《书城》改版后全新亮相的那一期，刊登了哈金获美国“国家图书奖”和“美国笔会/福克纳小说奖”的消息和哈金访谈录，还浓缩了《等待》的故事情节。访谈录里描写的场景一直让我记忆犹新：哈金住在波士顿郊外一个偏远的地方，过着与世隔绝的闭塞的生活。那天到了约访的宾馆大堂，中年沧桑的他掏出从家里带去的两瓶矿泉水，一瓶想递给记者，一瓶留给自己喝……

这位生于辽宁、服过役、读了硕士又赴美读博士并成功留教于波士顿大学的作家，一路颇不平坦。为了生计，他不得不拼命著作（如果每年没有新作品，他的教职将受到威胁）。《等待》算不算留任的生存手段之一?

看了哈金的访谈后，我开始穿梭各个书店找《等待》，都空手而归。朋友说，没译出来呢。

一年多来，《等待》与哈金，存放到心里容易感动的地方。因了烈日下尘土飞扬中拘谨着表情的哈金和手里的矿泉水，我一直在等待，那个长达18年的爱情故事，抑或是哈金本人的自传?

2002年年底，《等待》中文版上市。新年元旦那天，我用一个下午的时间完成了近两年来不曾停止的等待。翻完最后一页的那一刹那，我不得不承认，等待的过程是美的，它如小说里18年的爱情马拉松，一旦抵达终点，人，除了虚脱、幻灭，再有就是生不如死的感觉。我从等待的期望高处坠落到了地面。给朋友发短信息说，如果在中国，它或许连出版的要求都达不到。

一袭美丽的文身，皮肤深处的故事经不起任何推敲。正如《雕刻的身体》封面的后背图案，里边的纵情声色和乱性场面让人无法直视。

这里列举一些我在阅读中感觉的疑点：

开篇第一页的序：“每年夏天，孔林都回到鹅庄同妻子淑玉离婚。他们一起跑了好多趟吴家镇法院，但是当法官问淑玉是否愿意离婚时，她总是在最后关头改了主意。年复一年，他们到吴家镇去离婚，每次都拿着同一张结婚证回来。”孔林的离婚一开始就上升到法院程序而不是婚姻登记处？如果没有起诉没有律师又何来法院驳回？20年来，只要淑玉一句平静的不愿意，法院便让他们共同拿着结婚证回来？我不懂法律程序，但这种字面上的表述有点非中国特色。

“从第二年夏天结婚之后，20年来，他从不让她到部队医院去探亲，后来，他们唯一的女儿出生了，他开始睡在另一间屋里，他同她分房已经17年了。每年回乡探亲，他都睡在自己的屋里，他不爱她，也不讨厌她，待她像个表亲。”一个受过大学高等教育的军医，与一个乡下小脚、老相、上不了台面的女人奉父母之命结为夫妻，长达20年相安无事，没有性，也没有爱，这种非人的生活方式值不值得生疑？

“探亲前，孔林对在医院的女朋友吴曼娜保证，这次他一定要让淑玉在同意离婚后不再反悔……他们安静地吃着。孔林什么也不想说，他的心麻木了。走出法院的时候，他想恨他的小舅子，但是他已经没有力气调动起强烈的感情了。”孔林对吴曼娜的许诺又一次落空。他已“没有力气调动起强烈的感情”了，奇怪的是，以这种懦弱的性格，他与吴曼娜竟然能在军部医院里公开相恋18年？每一年回家探亲和离婚的失败等于对吴曼娜一次又一次的背叛，且不管是主观还是客观的原因，但竟能得到吴曼娜一次又一次的理解和自己心灵的平静？哈金在叙述时竟没有激烈的情感冲突和危机，相反，一切来得那么自然，就像手底下揉捏的面团，要方便成方，要圆便是圆。

18年了，吴曼娜从一个二十几岁的大姑娘变成了四十几岁的老姑娘，就因为大家公认的他们的恋爱关系，使得她没有别的恋爱机会，只能一而再再而三地退守着这么一个有着家庭负担、拖着孩子、又离不了婚的中年男人孔林？在哈金的笔下，吴曼娜还是个烈脾气有主见的人，后升为护士长，长相不错，喜好文学。不至于连见识也与小脚老太淑玉一般。也许一开始她与孔林之间有喜欢，有爱，但随着时间的流淌、生命的消逝，爱情也随之褪色，是什么力量能让一份感情相守18年而最终走到归宿？如果这份爱能经受18年的考验，那结婚之后的剑拔弩张便是作者的无稽之谈。这本身就是种悖论，非此即彼。

吴曼娜被孔林的朋友杨庚强奸，因了孔林不经意的一句话“吴曼娜还是个处女”。事后，杨庚没受任何追究后来还飞黄腾达。而孔林在得知此事后也手足无措，既告不了杨庚也安慰不了女友，他只能恨自己。这是刻画孔林性格的重要一笔，也是哈金刻意制造的吴曼娜嫁不出去的重要伏笔。军队纪律、强奸、友情还有恋情，这些再一次被哈金有些想当然地拼凑到一起，借着当过几年兵的经历。但我还是有些怀疑，要让吴曼娜死等孔林，也不需要编出这么蹩脚的一幕。

孔林的人物形象从头至尾就是一杯温吞水。他会和吴曼娜一圈又一圈地绕着操场散步，却不敢越雷池一步，美其名曰答应过政治部主任不破坏军部纪律。试想，一个有过性经历的壮年男子，没有任何生理上的毛病，自身还是个军医，懂得生理常识和健康知识，却为了一条莫须有的纪律而控制住情感的激荡和身体的本能反应拒绝送到面前的“错误”。这种做法长达十几年！多么不合常理的编造和猜想。哈金再怎么压抑自己，也不能让故事发展到非人性的地步。

“他用一只胳膊搂住淑玉，另一只手摸她的脸问，淑玉呵是你吗？是，是俺，你的老婆淑玉。淑玉，你会等着我吗？我很快就会回到你这儿来。咱们还是一家，对不，曼娜活不过一两年了……”如果说前边那些漏洞还可以容忍的话，到这结尾的对话，却是死活看不下去了。孔林再怎么喝醉再怎么被双胞胎折腾得心力交瘁，也不会忘了对小脚老太淑玉长达二十几年的不堪忍受而摇身一变成了信誓旦旦的浪子回头……吴曼娜再怎么把18年的等待化为汲取爱的过分的能量，也不该成为孔林逃脱负担的借口。

明白无误，《等待》不是哈金基于生活经历的自传性小说，而是他的谋生手段。他想通过一个忧伤的爱情故事，告诉读者——时间影响并改变了爱情。但，他太小心翼翼，以至于笨拙地破绽百出。

《等待》获得两个奖项，也许哈金本人也始料未及。

书的背后印了很多溢美书评，我想，要么，我没看懂，要么，老外容易受骗。

（2003 年 3 月刊登于《深圳晚报》）

模糊的铜镜

《记忆》已出了四期。

小 16 开的本子，厚纸上印着模糊的老照片，衬着回忆的文字，页边空出留白，像无边的岁月，沉郁的色调，伴着光影，迂回进时间隧道，似回响，萦绕耳畔，悠悠不绝，是空灵，若有若无，宛如游丝，渐行渐远……

这就是《记忆》。

《记忆》收录的都是记忆的文章，有的出自名家手笔，有的追忆前贤逸事……一篇篇翻过，不由得生出一丝欣慰：多亏已经出了四期。

书封赫然印着“主编：林贤治、章德宁”。找第一本，想看前言或序言，未果。只有一篇邵燕祥的《京门忆旧》，作为第一辑开篇的文章，有个小引，权当序言看：叙写自己的记忆，跟说梦有什么两样？人们说往事如烟，记忆的碎片就是萦回岁月间的烟云。一个画家画烟云，无论是用工笔重彩画作巨幅，还是三笔两笔写实兼写意的素描，真的能画出某年某月某日某地的烟云吗？怕也只是心中的烟云罢了……

似乎，看到话外的话，听到弦外之音。

每一辑里，都能看到“史无前例”那个年代的影子，讲述大同小异的凄风苦雨的故事，回放着由碎片拼凑而成的灰色记忆。那个年代，“他们住在关猪用的低矮的棚子里，泥土地上垫上些谷草就是铺位了。一到秋雨连绵的时节，积水倒灌，他们就只能睡在泥泞里。那位年纪大的难友没多久就病死了。在那种环境里，死人是司空见惯的，拖出去，埋掉了事……”（《吕荧，最后的人生之旅》）“父亲作为个人彻底消失了。他融入了集体，成为一个硕大无朋的机器上的一颗螺丝钉……机器终日轰鸣不已，震耳欲聋，个人从来没有发出声音的机会，即使有一瞬间，这个机会奇迹般降临，父亲也已经丧失了发声的机能……”（筱敏的《怀想父亲》）如此真切的记忆，即使是过眼烟云，历经时间洗涤之后，心中再深的沟壑，又如何归于平静？

《记忆》第三辑里，有几篇关于杨宪益和戴乃迭的文章。其中有一幅照片：太太是位靓丽的英国妇女，丈夫则是个子矮小、其貌不扬的中国男子。后来得知，他们都是有名的翻译家，将《红楼梦》等大量的文学作品译成英语。这几天断断续续地看杨宪益的自传《漏船载酒忆当年》，起初总觉得翻译家写作是不是欠点火候？要么，就是不自觉地犯翻译时“信达雅”的毛病：平实，简洁，忠于“原文”，少了抑扬顿挫，失去了该有的色彩？看到后边，不得不改变了自己的看法。英文自传结束于作者77岁那一年，而中文后记则写于作者85岁高龄。这样的年纪，已不再为世事百态唏嘘不已。他只想“写一本诚实的传记”，而无意于“写一部政治性的自辩书”。对那段狱中往事，只是轻描淡写：“尸体用草席一卷，留待他的亲属前来认领。要是没人收尸，那就就地掩埋，坟上不留任何标记。当时酒仙桥一带还很荒凉，在那里行刑不会惊扰北京的城里人。如果亲属前来收尸，他们必须付四角钱，算是行刑的‘子弹费’，这些情况都是一名同室犯人告诉我的……”杨宪益当年和戴乃迭同时被捕，坐牢四年。其间他们的大儿子因精神分裂自焚致死，两个女儿下放劳动……家破人亡！但是他活了下来。《记忆》还有一幅他晚年的照片：身披黑色道袍，满头白发苍苍，脖子傲然扬起，炯炯目光注视远方，神情肃穆，注解文字是“穿上道袍，却也未曾遁世”。

就这么淡定，没有什么抱怨，也没有什么悔恨，更谈不上遗憾。唯有那一份做人的信念“假如我还能重新活一遍，我还会像以前那样生活”。

真实比任何虚构都更有力量。把四本《记忆》齐齐放好，不由得想，它应该永远地出下去。

往事已成追忆，颜色褪尽，再白描，也是模糊的铜镜。或许还是心灵深处的烟云，缥缈，不可捉摸，只剩印迹，弥漫着历史车轮碾过的路。

（2002 年 4 月刊登于《深圳晚报》）

“先看德刚”

最近一直在看唐德刚的书。

有天偶然拿起《胡适杂忆》，就放不下了。别的书也仔细搜寻来，竟然集齐了若干本：除华文出版社的《胡适杂忆》外，还有华文出版社的《胡适口述自传》、华东师范大学出版社的《李宗仁回忆录》（上下卷）、人民文学出版社的《战争与爱情》、岳麓书社的《晚清七十年》，最珍贵的应是台湾传记文学社印行的《书缘与人缘》《史学与红学》。

看得昏天黑地。朱文长对唐德刚说，他在看《传记文学》的胡适自传时，“先看德刚，再看胡适”。唐德刚觉得这是老朋友对他的错爱。

看了唐德刚的文章后，“错爱”他的人，会越来越多。

胡适自承哲学是他的“职业”，历史是他的“训练”，文学是他的“娱乐”。作为“胡适之好后学”的唐德刚，“治史”便成了他的终身职业；“读史”为其平生最大的兴趣；加之“功课愈忙，愈感到有写诗、同朋友酬唱诗词的需要”，“文学”也成了他的“娱乐”。有史为地基，文为建筑，沧桑80余年，唐德刚写出了一系列“行云流水、明珠走盘”的传记文学著作。

大凡文字写得最美、最生动的，最难同时得事理的平实，因为作者不能有任何艺术的夸张。东汉王充的《论衡》把这叫作“艺增”。唐德刚的“艺增”运用得游刃有余，周策纵称“这是他最好的绝招和自解”。就像一个聪明的“坏”小子，虽“坏”，却聪明得让人不忍责备。

诚然，读唐德刚的文章，总免不了捧腹大笑，尽管文中的主角往往是名家将帅。“胡适是一辈子讲无征不信、不疑处有疑、九分证据不讲十分话的大学者、考据家，我和他一起工作，真是一字千钧，半句不苟。李宗仁恰好是胡适的反面，一辈子总共只进过三年多的‘军事学校’，日常所好的也只是些器械、劈刀，做个拳打脚踢的李猛将。李猛将自然也就对文科毫无兴趣了……正因为如此，他却有坚强的信心，认为他所讲的，无一而不可以写下，传之后世……我虽明知照他老人家所说的原封写下来，是要闹笑话的，也不好意思向我的老长官发号施令，直接告诉他‘信口开河，不能入书’……”20年之后，《明报月刊》连载《李宗仁回忆录》，殊不知，这部大部头，却是唐德刚花了六七年时间听李猛将“信口开河”辛苦录得的，当然，他也有回报，就是吃了李家168顿可口的饭菜，那都是李夫人郭德洁亲自上街买小菜又亲自下厨烹饪出来的美味佳肴。这比胡适强。与老师胡适之工作，老师尽管不算什么美食家，却经常“打一枪换一炮”，餐厅轮流转，付账的，最后总落到好后学唐德刚头上。

照片上年轻的唐德刚，浓眉大眼，英气四射，难怪夏志清说他“才气纵横，博学多智”。据说去年（2001年）唐老先生回故里，接受访问时，那一口因漂泊多年口音混杂而衍生出的安徽普通话，让人费解。唐德刚祖籍安徽合肥，却是台湾长大，28岁才赴美，此后，一直在大学任教。首次回大陆正值“四人帮”时期。后来，他写了小说《战争与爱情》，说这“也是口述的历史”，是留洋“熊猫”背后许多怅惘故事的连接。落叶归根，看来，这一规律亘古受用。

唐德刚曾说自己与气功结缘30年。在《书缘与人缘》里，他所指的气功，其实是静坐。“在静坐中我才逐渐体会了‘知止而后有定，定而后能静，静而后能安，安而后能虑，虑而后能得’……我一直是个静坐者……退而省其私的静坐对我自己修身养性的好处，是说不尽的。”后来他于静坐中也能“微动”“小动”“中动”“大动”而及于“狂动”，但也仅限于“动”，并且精神好多了，但对于高血压、耳鸣等疾病，却未见效。

1920年出生的唐德刚，今年该是82岁高龄了。他还有很多著作，我们没有看到。

（2002年9月刊登于《深圳晚报》）

真的“不够知己”

一路笑着读完。

薄薄的一本小册子，书名叫《一知半解及其他》，温源宁著，编者陈子善，辽宁教育出版社出版。标价5元。打了八五折，4.25元。

一根冰棍的钱，换了一本薄薄的“巨著”，套用钱锺书评此书的题目《不够知己》，是不是真的“不够知己”？现在上架的书，不管是美女作家，还是网络文学，抑或是都市散文，轻松一本，定价都在10元以上，有的甚至自欺欺人飙升至二三十元。

说它是薄薄的巨著，以下两点足以证明：从中译本的篇幅看，17 个人物占用不足 49 页纸，其为“薄”；17 个人物分别为胡适、辜鸿铭、吴宓、周作人、丁文江、徐志摩、陈通伯、梁遇春等中国现代文化名人，著者“其褒贬之辛辣别致，格调之活泼高雅，深得英国散文传统风格的真髓……”（陈子善评），其为“巨”。温源宁的高足钱锺书在书评里写道：“书中名言隽语，络绎不绝。我怕译不好，索性不引，好在能读原文的，定能有目共赏。”

温源宁（1899—1984），广东陆丰人。历任北京大学英文组主任、清华大学西洋文学系教授等，1947 年起任南京国民政府派驻希腊大使，1968 年定居台湾直至去世。

这本小书原是温源宁先生用英文著成的，连载于 20 世纪 30 年代的《中国评论周报》，后由上海别发公司出版单行本。原名叫 *Imperfect Understanding*，钱锺书译为《不够知己》，又有译为《一知半解》和《不完全的了解》。文中所著的17个人，都是温源宁的老相识。这里摘录几段令我忍俊不禁的文章，相信也能令你大笑。

写吴宓："他把道德和艺术混合在一起，乌烟瘴气，常常谁也摸不清他发表言论所谈的是文学问题还是道德问题。"

写胡适："胡博士不是那种把自己的才能深藏起来的人。他有什么就拿出来什么。他是什么人，全都摆在那儿——在他的著作里，谈话里，作风里。他一点都不想有所隐瞒……对这么一座湖，我们并不关心它的深度，只欣赏它的湖面，那湖面映照一切，能把洁净、齐整的宇宙的影像呈现在我们眼前，而不涉及精神风度、灵魂和宗教。"

写徐志摩："哪个女人也不要以为志摩爱过她而得意，他仅仅是爱过自己内心里的理想美的幻象罢了……我们，有许多人，喜欢他，所以喜欢他的诗；有没有人，因欣赏他的诗而喜欢他的人，我可不敢说……从气质和头脑上看，他是个聪明伶俐的孩子，永远不会长成大人，对周围的事物充满了好奇心……”

最好玩的是写辜鸿铭：“他留着辫子，有意卖弄，这就把他整个的为人标志出来了。大家接受的，他反对。大家都崇拜的，他蔑视。他所以得意扬扬，就是因为与众不同。因为时兴剪辫子，他才留辫子。要是谁都有辫子，我敢保他会首先剪掉。”

……

难怪，书问世后，气坏了很多人，同时也有人捧腹绝倒。钱锺书说：“看过温先生作品的人，那支生龙活虎之笔到处都辨认得出……”

后来，不断有人从中选译，译者中有林语堂。把全书译成中文的则是诗人、散文家南星。张中行在《一知半解》（岳麓书社版）序中说道，（20世纪）30年代他曾上过温源宁的课，只知道他的英语讲得好。后来看到这本英文小册子，才知道他的英文写得更好。多年来他一直在想：“像这样一本精练的散文，应该译成中文，让不熟悉英语的人也有机会欣赏一下。”他想到了老友南星，希望他能“勉为其难”。南星果真不负重托，很快译完。

对南星，我很陌生。后来看《张中行小品》，才知道他于20世纪50年代后，在北京国际关系学院英文系教英语，直至退休，于1996年去世。这是我惊奇的地方。硬攀的话，也可算是老师了。只是，上学的时候，怎么就孤陋寡闻到不知道有这么一位名人？

《一知半解及其他》也选了林语堂的两篇译文，逐句对照着看，发现林语堂将文字调理得愈加漂亮精致，而南星可能更忠于原文的风格，显出英国散文的真髓。

看介绍，说温源宁前半生为学者生涯，后半生为政治家生涯，与叶公超相仿。“文人从政”毕竟不能完全适应，后温源宁抑郁而终。另一个有趣的现象是，同在台湾的台静农先生，与温源宁出生年代相近，台静农比温源宁小两岁，同是大学问家，却互不相提。看来，不同道也。

（2004年5月25日刊登于《深圳晚报》）

书之人

原来他就是陈迈平

进到餐厅，满满一桌人，阎连科老师位居中间，四周是日本、韩国、西班牙各国人等，乍一看，以为到联合国开会。

阎老师逐一介绍，轮到一位理着平头的高个男子，他眉目肃穆，神情冷寂。我思忖着有些面熟，一时又想不起来。阎老师问，他像谁?

恩，他是谁?

突然有人回答：马未都。

对了，这不是马未都吗？

不过，马未都好像个子矮小一些，岁数也年长一些。眼前的他又是谁？

陈迈平。

呵？我吓了一跳。

去年做《今天》100期专题，选了几个代表人物，刊登他们关于《今天》所写的文章，其中就有陈迈平。“《今天》已经有了这么漫长的历史，在这段路途上同行过的，当然不止一二人。旧人退出，新人加入，也是杂志能保持生命力的一个重要因素。先后有很多人参与过《今天》的事业，有些人来而复去，去而复来，有如走马灯一般。每个人的作用都不一样，有的可能不那么重要，对《今天》的贡献也有大有小，但在回忆《今天》这段漫长历史的时候，我觉得很多人都值得记上一笔。”在分分合合之后，陈迈平回过头来能如此平实客观地做出评价，这也是我选用的原因。

每篇文章配了头像，专题出来后，链接发给香港牛津的林道群。道群兄说，陈迈平的头像错了。“不可能，搜了好几遍呢。”我反驳，语气坚定。“真的错了，我跟他多年老朋友了。”不一会儿，林道群发来若干陈迈平的老照片，其中一张是《今天》复刊后同人的合照，图片中，年轻的陈迈平站在查建英和刘索拉中间，英姿飒爽，帅气满满，十足的酷小伙。林道群又贴了一份北岛当年写给陈迈平的信，手写体，信中说：“迈平，自从你透露了那个坏消息后，我的心情十分沉重……今冬你和安娜到西班牙和希腊去玩玩，享受一下阳光和异国情调，附上一张支票，请你一定收下……”

林道群解释说：“那是二十多年前的信，‘坏消息’是指他和前妻的事，后来他们离婚，陈迈平与安娜结婚，现已有两个孩子上大学了。安娜即莫言的瑞典文翻译。”当时对话是在微博上进行的，林道群同时@北瑞老迈@北瑞安娜，他说：“因已刊在《今天》一百期中，不算隐私了。”我注意到，之后老迈和安娜并没有回应或转发。

这些被时光浸染过的照片和信，随着《今天》100期重新进入人们的视线。不管怎么样，这一群已然写进历史的人名，让我充满了想象和好奇，尤其北岛信中的陈迈平。当时还想问林道群，后来呢。

后来，也就是一年后，我却在北京见到了陈迈平。眼前这位比马未都大一号的人，隔着桌子，不吭声，整晚冷冷地平视的人，就是陈迈平。他似乎除了冷，没有别的表情。我突然感受到一股北欧来的寒气，这于夏末秋初的北京饭局来说凉得有点早。他注目的是我隔座的台湾《印刻》杂志总编辑初安民，而全桌十多人，除了初安民，他似乎都视而不见，一声未接。他说，他看《印刻》，一直想见的人就是初安民，曾在脑子里一百次想象过，但此刻一见却完全颠覆了自己的想象。

我看的却是对桌的陈迈平，一个在《今天》里隆重登场的人，北岛信中的小弟，写过《凯旋曲：诺贝尔文学奖传奇》等多部著作，笔名万之，职业翻译家，获瑞典学院 2015 年翻译奖，莫言诺奖作品翻译者陈安娜的老公（陈安娜于 20 世纪 80 年代末 90 年代初开始翻译当代中国文学，译过莫言、余华、苏童、韩少功、虹影等作家的作品，至今已出版译著 30 多种）……一位多重身份的人。现在的他，在很多场合中已变得异常“重要”，这种“重要”或许来自他的翻译，或许来自他和妻子所居住的诺奖组委会所在地瑞典，或许来自已如日中天的陈安娜……这些，我以一时“小人之心”的揣测，一下子把眼前的他和原先的“陈迈平”阻隔了千山万水。“此刻一见，能用的词汇已不仅是‘颠覆’，而是‘轰塌’。”我恨不得立即给远在香港的林道群发信息。

（2014 年 11 月 30 日刊登于《深圳商报》）

自己瘦小，但小说里“可以高挑”

她长得瘦小，与她一起的人都想保护她——牵她的手过马路，空调房里为她加衣，饭桌上帮她夹菜，接送她到目的地……她也小鸟依人一样地被安排和照顾着，声音嗲嗲地，身板弱弱地，跑到你跟前，一个劲地道谢，又一个劲地说对不起。

可是，你看她的作品，却不似眼前的她——强大，率性，叛逆，义无反顾，歇斯底里，甚至放纵，魔鬼般……不由得想，如此弱小的她，身体里究竟藏着多大的能量，以至一直爆发？

2013年台湾淡水夏夜，凉风习习。街头大排档，海鲜、凉啤酒，排了一长桌，挤满了人，初安民、张大春、杨照、纪蔚然、张铁志、陈列、樊光耀等，还有陈雪。她坐我旁边，刚讲完印刻文学营的课，饿极了，站起来越过桌子伸手夹菜，狼吞虎咽。大家互相敬酒，她也频频举杯。后来她说，自己不喝酒，只是装装样子。可是，陈雪很能喝酒，就是那个晚上，我从台湾带回深圳的印象。

在淡水的几天里，我们见面三四次，在宾馆的早餐桌上，在夜里的酒桌上。她来去匆匆，却没忘了告诉我，陈列是写散文的，纪蔚然是搞戏剧的，樊光耀是李国修的弟子。她当然也告诉我，大家都很帮助她，比如骆以军，一起喝咖啡一起吃火锅，“慢慢当成家人”。还有朱天文、朱天心，她们交谈的内容包括“钱够不够用”，当然，还有大哥初安民，他出版甚至打理她的书。

那时，她在台湾文学界已经很火，《恶女书》自20世纪90年代一炮而红后，其后小说三部曲《桥上的孩子》《陈春天》《附魔者》也享誉不少。大陆书界刚刚引进，我也刚刚推荐过她的作品。但当时不知道，她刚又写完一个长篇《迷宫中的恋人》，以31万字的篇幅书写生死、爱情、命运和信仰。“这是一趟旅程，无论是疾病或是爱情，作为经验者的我走进了身心崩溃近乎疯狂的无望迷宫里。”她把过往的沉溺挣扎通过小说疗伤修复，又奋力走了出来，并找到了爱情的归宿，公开“出柜”。其时我见到的陈雪，脸上已呈健康的气息，还有爱情的滋润。她穿了一件水红色上衣，飘逸活泼，分别前，大家互道下次再见。

这一再见，竟是两年后。这次她先到北京，又从北京到深圳，为她在大陆的小说《迷宫中的恋人》和散文集《恋爱课》做宣传。我问她，一个人来的吗？她说，是的。深圳南山文体中心的活动前，她告诉我，她的演讲五点结束，然后就提前离开。可是，到了六点半，她还没有出来。我进到会场，黑压压的一片，礼堂里坐满了听众，舞台上一束灯光正照在陈雪的身上，四周寂静，只有她的声音回荡。“如果我没写小说的话，就是一个残花败柳。一个人怎么能把自己好好的身体拿出来像一个实验品来实验这个恋、那个恋，实验人可以如何无情、如何残忍？”“我觉得人生的伤痛是可以被洗净的，靠着爱、靠着自己、靠着写作，艺术的升华让你成为一个新的人。我曾经在最邪恶、最肮脏、最痛快的地方，从小被歧视、被践踏，只有小说、艺术才能拯救我。”

我没有听完，据说，很多人泪流满面，为了陈雪的真实和坦诚。

那晚，大家一起吃饭。匆匆赶来的陈雪饿极了，桌上的转盘转来转去，她又狼吞虎咽。

她说，下次见面，你们还要叫我出来，不过，我很穷。

眼前的陈雪，又回到容易受伤的样子。我想起她说过的一句话，“自己瘦小，但在小说里‘可以高挑’”。

一直想跟她说，从淡水回来，我在书中写了她，书名叫《书人·书事》。见面的前一天我还记着要把书带上，送她。后来却忘得一干二净，直至最后把她送上专车回宾馆，都压根没想起来。对了，文章的标题是《其实对她，一无所知》。

（2015年7月12日刊登于《深圳商报》）

“大叔”马家辉

深圳书城好书评选的备选书单上，有一本马家辉的《大叔》，北京十月文艺出版社出版。书刚出版，我对书名却已十分耳熟，去年香港书展的一次饭局上，马家辉就把此书与他的另一本新作共同展现于饭桌上，拍着掌说，《大叔》《小妹》，正好配对。女读者看大叔，男读者看小妹。

马家辉向来是标题党，总能出奇制胜。尽管很多时候不被饭桌上的同人采纳，比如杨照和胡洪侠。他们写的“@1963”系列，书名之一就曾有《大叔@1963》，被无情否掉之后，兜兜转转《大叔》又落到马家辉自己的书上。从这一点看，他也是比较执着的。

我怎么就觉得，《大叔》于马家辉是再合适不过的。一个帅气又率性的人，整天在“锵锵三人行”中风度翩翩，在各种公开场所衣冠楚楚，一下子“大叔”起来，哈哈，更能迷倒一众马迷辉粉了——尤其他于50岁之际，用最新的散文体谈生命，论爱情，观电影，说教育，忆旅行，话题关乎电影、时尚、文化、教育等领域，记叙的则是对于人间万象的感慨和评述。这种马氏私语，估计女读者爱看，男读者也不能不喜欢，老少咸宜。

最近两件事让我顿感马家辉“大叔”形象的贴切。

一件事是，单位要搞一个“封面恋人”的活动，不知怎么的，就相中了马家辉当嘉宾。我受同事之托请之，言公益（要知道，马家辉出场费是很高的，哈哈），马家辉很认真，当晚在微信上讨论：目前与广州某媒体有约，欲赴台北拍摄李敖，但行程受签证手续限制，无法确定，如指定的当天不能成行，定赴深圳参加活动。

末了，他说“小姚，放心，你请的，我都会去的……”

另一件事是，深圳文博会期间，我的书的责编胡小跃以其翻译家的严谨和负责，定要举办一场书人聚会，扩大影响。消息在微博上发布。活动的前一天下午，忙于编务，我没上微信，夜里临睡前，打开 Wi-Fi，发现有马家辉的信息。前后共两条。第一条是：“小姚，明天的活动我去参加，好不好？”发出的时间是下午 3 点 40 分。第二条是晚上 10 点：“糟糕，来电说要去台北了，我赶紧准备下，明天参加不了，抱歉。”哇，现在想来，如果那一天有马家辉这等神秘嘉宾出现，举办活动的尚书吧，会是什么情况？

马家辉也是我书中的人物之一。我们曾在马来西亚老街街头行走，寻找旧书店，喝咖啡；在台湾夜市闲逛，喝啤酒吃各种小食，听他忆大学时光的浪漫故事；在深圳一起过中秋、放孔明灯，一起热泪盈眶地观看杨照女儿李其叡的钢琴演出，又在欢乐海岸紫苑雅生活馆听 91 岁老艺人苏兰芳的豫剧表演……因为太熟稔，下笔时反而不好把握，只记得写书时，漫无边际，拉里拉杂一通，人物形象特别不饱满不到位。书出后，马家辉竟自掏腰包购书十本，说带回香港城市大学给学生当奖品。

这位1963年生于香港湾仔，美国威斯康星大学社会学博士，著有几十部作品的知名传媒人、专栏作家、主持人、文化评论学者……坊间朋友经常称，马兄、马先生、马博士……以后，多一个头衔：马叔。

（2015年2月15日刊登于《深圳商报》）

爱毛尖……爱不完

毛尖说，她来不了，上海黑色暴雨，周五折腾了一天，周六又等候半天，最终还是被告知航班取消。

天公真不作美，上回她到香港书展，也是台风，讲座被迫取消，书迷懊丧不已。这次深圳活动，却雨隔上海，别说书迷了，我也失望加遗憾。她不知道，“毛尖”在深圳有多么的火。同事小崔因为喜欢她的语言，写稿时非要把“毛尖语录”放进文章的若干小标题里；朋友小李因琐事心情不佳，看到《有一只老虎在浴室》就喜欢得一扫愁云……毛尖不知道，她已成了女生励志的代言人。

坊间有个流行的说法：能被毛尖点名的，是朋友；能被毛尖调侃的，是关系进一步的朋友；能被毛尖通篇取笑的，是朋友中的朋友，至亲密友……

毛尖笔辣，手起刀落，快意恩仇。被她轻轻挠过的，除了痒痒，基本通体舒畅。非但不恼，还意犹未尽，欢喜兮兮。有例可证：比如陈子善教授，“坐在学生的自行车后座上，飞车党一样掠过校园，两只长脚拖地而行，他只管紧紧抱住胸前的一大包书。他爱书太凶猛……”；比如小宝，“爱生活，爱女性，这是宝爷的原则”；比如孙甘露，“他不露声色的波西米亚穿着，极其优雅的嗓音，极其英俊的容貌和‘会弹钢琴能唱歌剧’‘单身独居’这些传言比他本人的演讲更有效地诠释了他的作品”；比如海上陆公子陆灏，“车门一开，陆少也扑进车里，司机回头看看他：‘干吗？’陆少稀罕，干吗？到《文汇报》！司机再看看他，说：‘先生，这是私家车。’陆少狼狈下车，车外一少妇笑吟吟地看着他，陆少只觉人生苦长”。……放眼望去，毛尖身边一众好友，无一幸免，个个皆被辣笔摧花花更香。

喜欢毛尖的人一大把，上至老辈人物董桥、刘绍铭、李欧梵、陈子善、俞晓群、陈村……中到狐朋狗友宝爷、陆灏、恺蒂、严锋、小白、黄昱宁，下到“80后”“90后”，豆瓣上的毛尖小组，人满满，刀枪也满满，陌生朋友进去可轻易不能乱讲话，否则，哼，试试看。

初识毛尖，她写电影，自《万象》横空出世以来，似新星冉冉升起，越发明亮。她说，我们不懂电影。但她又说：“《白鹿原》从小说到电影，就是好德到好色的蜕化。……如果总局尊重群众的意见，真是应该禁止导演拍老婆，否则中国电影会多一些莫名其妙的传记片。”她还说：“《桃姐》拿奖我没意见，许鞍华一直在影迷心中是最好的导演。但你看，连九把刀都上了，《这些年》和《子弹》是一个体量单位吗？”……这十多年间，一路跟着她的文字走，《非常罪非常美》《例外》《永远和三秒半》《乱来》《这些年》……毛尖的段位越来越高，难能可贵的是，她始终机警、自醒。

由文识人，经常饭桌上相聚，有毛尖，必定天籁一片。妙语连珠的是她，泼辣点菜、催菜、夹菜……眼观六路的，还是她。饭毕招呼，服务生必定说，这位小姐已经买了单。毛尖西式思维，中式头脑，上海气息，宁波做派。身边江湖是威武男人帮，她一介小女子，呼三喝四，旋风来去，谈笑有鸿儒，娇嗔掌分寸。别看她对外有豪迈之风，在内则心细如针，行弟子礼，尊老爱幼，宽容众生，嬉笑怒骂后纯然一颗善良的心。

俞晓群是出版界的大哥大，他为毛尖出书，亲自写序，“毛尖文章遭人妒忌之处，不仅在其成文之多，落笔之快，还有许多因素在起作用”。这些因素，当然指的是文字有品有格，俏皮、乖巧、风趣、经营意象时见匠心，讽喻世情软硬兼施……该序被多处转用，资深主编刘忆斯将标题大笔一改:《让我“惊呆呆呆了”的毛尖》。

惊呆了当然还不够，我更想说，对毛尖，爱爱爱……爱不完。

（2014 年 10 月 14 日刊登于《深圳特区报》）

和孙小宁一起“印心”

2014年6月父亲节，我所在的报纸副刊版面策划了一个父亲节的选题，请一些作家为自己父亲写一封信。孙小宁是受邀的作者之一。文章交来，一如她平日的为人，心平气和，把80多岁的年迈老父从事事操心到焦灼不安直至沉默寡言的转变写得丝丝入扣。结尾的一段是：“父亲，现在见到您，我已经接受了您衰老这个事实。您现在的沉默，已经没有某种揪心的部分。还多少能让我们感受到安详。我想您的生命列车，已到了另一片舒缓地带。我猜想，人无论怎样不甘于现实，在生命尽头，也要面对这片虚空。就让我积攒此生的智慧与勇气，慢慢对它有所准备吧。父亲节到了，只想对您说，祝您平稳地度过每一天！”

时过一年，2015 年 11 月，深圳十大好书评选，做为评委之一的孙小宁缺席，理由让大家沉重——家人去世。后来才知道，小宁父亲于 2015 年 8 月去世，百日刚过十天，患癌多年的姐姐也跟着走了。半年时间，生命中的两位至亲先后离开，对于一个远离家乡身居北京的女儿和妹妹来讲，该是什么样的打击。

与大家相比，我早先有了这篇文章的接触，似乎更能理解她的心路历程。写文章时，她也许根本没有料到，那个变得沉默的父亲，不是超脱了，而是大限将至。尽管她已“积攒此生的智慧与勇气，慢慢对它有所准备”，但当严酷的事实到来时，还是猝不及防。而一直亲密无间的姐姐从中年直接跨过老年画上了人生休止符，也让她痛不欲生、惶恐不安。

如果……，假设……，或许……，这样的反问、设问、诘问，在心头估计来来回回无数遍，只有身经至亲生死的人，才会有至痛的体会。而早在几年前，我便懵懵懂懂地站立在已经深度昏迷的父亲床前，任天昏地暗，地崩山裂，却无处着力。也只有在父亲去世后，才开始明白责任和义务，才知道要承担和付出。

小宁遭遇得更多。前不久，看到一篇小宁写姐姐的文章《与姐姐穿过小巷》，“走那条连接姐姐与父母家的小巷，我的心情肯定不能马上平复。因为曾和姐姐，走过无数次。我们边走边聊，姐姐讲着故乡近些日子的大事小情，还有她的病、她的儿子，诸多细节都沿着小径散漫开来，一点点打通我与故乡的隔膜。应该是这样走了多年，只是没想到，是在她去世前后这两年，这里的记忆变得鲜烈刺激了起来”。撕心裂肺的痛，她也是平静地流诸笔端。

小宁说，其实我没有强大，因为妈妈在，所以必需坚强起来。她把泪水在奔丧的路上哭尽了，以为回到家更要坚强，可触景生情，还是悲从中来，倒是平时在家里被认为娇气得不是头晕就是腿麻的妈妈，声如洪钟地说，哭几下就行了，都80多岁了还能再活几时。2016年年初，她写《过年，和妈一起的卧谈会》，把不贴春联的一个悲伤过年、娘俩的卧谈写得荡气回肠，饱受打击的老妈，在她眼里成了一个“最奇异的存在”——历尽人生风雨，见识潮起潮落，最终精神没有崩塌，反而挺起胸膛过着有尊严又体面的日子，令人敬佩。

与其说是宁妈妈强大，不如说是小宁希望暗淡的日子应该过得更有气色更具颜色一些。她不愿意沉溺其中，在最新出版的随笔集《印心》中写道：“有些东西，我始终觉得，是无法与人诉说的，也无法与人分享。这既包括生老离别这种及身之哀，也包括和自己必死命运相遇的一瞬。”

相比之下，面对生死，小宁更旷达通透，我却至今未能走出父亲离世的阴影，他所用过的物件，包括仅留存的那只小提箱，一直关在老妈房间的衣柜里，不曾打开。

小宁的这份淡泊安宁，似乎与这些年她所跟随的老师分不开。看她这些年所编所著所对话的作品，与一个人的名字密切相连。她称他，老师。这个人便是台湾禅者、音乐家、文化评论人林谷芳先生。自 1997 年介绍林先生的作品《谛观有情——中国音乐里的人文世界》后，小宁便与他结缘；2003 年出版林谷芳先生的访谈录《十年去来——一个台湾文化人眼中的大陆》；2008 年，两人合著《如实生活如是禅》出版；2013 年两人合著《观照》。习生活禅、悟世间法，是小宁从中汲取身心营养的大收获。因此，她待人接物，有了另外的视角和眼光，比如《印心》。

《印心》分“生之旅”“镜中像”“念念如晤”“闻风相悦”四部分，我特别关注其中对生死的着墨。她写了与生死有关的三部电影，《守灵夜》《致亲爱的你》和《春日一瞬》，深深感慨着人生最后的告别，“算是经历了几次，远远不足以体味这里头的五味杂陈，因为所看过的电影，告诉我的永远比想象的要多”。她甚至从演员高仓健峭壁般的面孔看到了愈老愈可贵的“那种坚毅克制和隐忍”，不是“银幕硬汉”可以概括的。

她写了止庵怀念母亲的作品《惜别》，这个日本作家太宰治拿来作鲁迅题材的小说名，用于此处有止庵的巧思和妙想。尽管丧母，止庵并不絮絮叨叨于日常细节和无尽哀思，反而形而上地运笔于对人生更多的反复无常哲思。小宁说，读这一类书，不会去搜寻别人的反应，因为这依然是个人生命经验的问题。

她还写了周大新的《安魂》，同样是一本丧子之痛的作品。书以父子对话的方式行进，实则是周大新本人的二重演奏。小宁检讨了自己曾经对周大新的文学批评，尤其在得知他的遭遇后，她对一位作家父亲在中年痛失儿子之后对命运的平静接受和坦然处之表示了极大的敬意。

如果说，生死的命题谁也逃避不了，那么，生命的丰饶却是谁都可以去触碰的。小宁内心有明亮向上的一面，正如她笔下的日本文学《清寒与丰饶：一种感官开启的日本文学阅读》。她喜爱的石川啄木，短歌“沉沉的秋夜，在广阔的街道上，有烧老玉米的香气”让她整个札幌旅途弥漫着一股老玉米的香气。她喜爱的金子美铃，清澈见底的童谣能将苦中的万般滋味说得水银泻地般弥满且丰盈，又兼具任性和天真。还有写《忍川》的三浦哲郎，被芥川龙评价“行文笔致兼备绚烂与苍古”的泉镜花，以及纵跨明治、大正、昭和三个时期著有《老妓抄》的冈本加乃子，那句“衰老一年年加深了我的伤感，而我的生命却一天天更繁华璀璨”让小宁百读不厌、百感交集，对，这些她都归纳为清寒底色下的丰饶一派（冈本加乃子除外，她生于优渥之家）。尽管短命、清苦，写下的作品表现的生活态度却一味地朝气盎然。

貌似在观影读书，小宁从中咀嚼的还是个人的况味，即从他人的经验中观照自身去芜存菁并自我修炼。她试图借助同类题材的作品，在阅读中苦寻蛛丝马迹，回归内心，抒发自己对亲人、对众生的悲悯之情，又企望打开一扇更宽广的心之窗户，眺望比远方更远方的远方，让自己积攒更多的智慧与勇气，往前走，勿回头。借书与人，她更想超越世间琐碎的浮事俗务，表达更为旷达的人生态度。

认识小宁这些年，她一直在旅行、观影、读书、写作，远距离看，似乎有点不食人间烟火，或可以用“高冷”形容。近距离下，其实她也是一介邻家女子，可以说点小八卦，喝喝茶聊聊天。当然，更可以看看电影，比如小西天的中国电影资料馆，她经常会盯艺术影院的小众影片，像《蒂凡尼的早餐》，她会说，这样的电影，看一次醉一次，惬意的午后时光。还有日本老片《饭》，“算我的电影节最后晚餐。以原节子的影片结束，是再完美不过的结局。关键是，从这部成濑的片子，竟然能看到我去年到过的大阪城，还有中之岛的北滨路”。她找寻土耳其导演锡兰的作品，不经意间与心中的契诃夫相遇，从《万尼亚舅舅》到童道明先生，最击中内心的还是“生活里有种东西，值得你继续为它付出”。

她拍花晒鸟，感悟白云蓝天，对光影下的树叶触摸“叶脉间呼吸”；对小暑“只想拿它们，做一件花衣”；对人间万物，“叶可以从此生，果也可在此结”“阳光正把它（石头）的表面切成阴阳两半”“它（鸽子）睡成一动不动的剪影，我可是为它，时不时醒来”……对人与人，她理解为“各自都走过了长长的路，也暗结了很多的善缘”，所以肯定还有一些，在与我们相遇的路上。只言片语里，是她的短歌，也是她的童谣，清丽明晃的节奏跳跃其间，平静的外表下，她分明有一颗纯良炽热的心。

《印心》的书名，起得颇具禅意，果不其然，林谷芳先生为其做序。拿到书，扉页上写着：和峥华一起印心。这是她的第二本读书观影随笔集，距离第一本《看得见风景望不见爱情》，相隔整三年。她说自己多少有些惶恐和赧然，觉得这样的时间跨度，不足以让写作有令人惊喜的飞跃和提升。我这头不免一吓，这些年来，我的书人系列一直在出版，尽管两者的写作对象、写作方式不同，但若以时间长短论，以写作的飞跃提升计，我和她之间，该横跨多少个大洋呢。

（2016年8月刊登于《深圳晚报》）

他们仨

晚饭时,他们仨同时出现,让在场的人都惊诧无比——吴思、杨鹏、余世存。不过这是深圳，一切皆有可能。

吴思是来做一场题为“官家主义，中国社会历史的走向”的沙龙活动,他的《潜规则》《血酬定律》曾让“吴思”这个名字叫响了大街小巷。后来主编的杂志《炎黄春秋》，成了很多人至今必定购的刊物之一。

杨鹏的新书《“上帝在中国”源流考》刚出版，在北京召开研讨会时，赵晓、刘军宁、陈明、高全喜等人都与会了。汉唐阳光的李占芾与我联系，见书之前，我有点担心是宗教教材。见杨鹏之后，才发现天人关系、神人关系的话题是那么有意思，俨然是纯学术领域的知识探讨。

余世存则与时代华文书局的赵秀彦一同来深圳为新书《家世》造势。之前我知道《非常道》《老子传》，还有《大国小民》……想象中的余世存应该是位长者，他们说，1969年生人。嘿，尽管头发微霜，他与你对视时，眼睛里闪着的亮光，悲悯得让人心里一颤。

桌子这头，我默默地按年龄为他们仨排序：老大吴思，老二杨鹏，老三余世存。他们仨互相熟识，谈话的线头极其杂乱，从公益、基因、精神，到老子、道家、文化认同……各种话题激烈行进中，稍不侧耳，就忽略了上下文。

吴思大哥之前深圳行，总侃侃而谈，把酒言欢，纵论天下，那晚则少有地安静，他时而发问，时而沉思。同桌的余世存曾对吴思有过精彩的评述：“吴思的使命在于建立一个更加精确的史观。‘首先在官学之外，其次在学院体制之外，最后在学术写作规范之外’，进行他自己的表达，看吴思这几年的访谈，忽然想到胡适的楚辞对联：‘吾方高驰而不顾，夫孰异道而相安。’”此刻静默肃穆的他，正在思想轨道上“高驰而不顾”，只是列车驶向何方，唯有他自己知道。

老二杨鹏表达力非常，他刚辞去“壹基金”秘书长职务，工作正在交接中。这位云南省前高考状元，后来治学的方向改为古典哲学、公共政策及公益管理，曾撰写过《从新双轨制到新社会契约论》《经济学话语霸权的终结》《精英、民粹与中国未来》，饭桌上，他把神学当公益进行了“科普”，我于懵懵懂懂中被填补了很多空白点，记得他说：“知道得越多，越感到自己的无知。在浩瀚神秘的宇宙中，我向神低下了头，充满着对上帝的敬畏。在浮躁竞争的社会里，我向人群抬起了头，充满着对上帝的信赖。”

这顿饭之后，再有联络的却是余世存。他又有新著《人世间》在九洲出版社出版，我提议做一个人物专访，遂微信接上了头。正逢中秋，他言“九月酒约”，我替大侠复“九月未过，酒约有效，能否约到，就天知道”，他回“今晚先浮一大白，以作酒引”……后收到他寄来的签名本，“知识人跟社会的关系，我们除了媚俗、失心疯，大概就是讪世卖才”。“我多年来希望知识界人能重视彼此间的互读，但效果甚微。”……金句满书，俯拾皆是。余世存接受我们记者采访时说，我们这代人都想做历史和社会的推手，但在实践上，你能否创造一种新的生活模式，有效地矫正同龄人的一些不足；从理论上，你能否为社会提供很好的思想资源，让大家明白在当今社会我们是应该适应它，还是改造它。这都是我的困惑。

他的困惑，我们的困惑。

在当下这个略显嘈杂又浮夸的“精神绝境”中，吴思、杨鹏、余世存，他们仨身体力行的哲思布道修为，也许可以让我们的心灵小宇宙多点呼吸的空间。那一晚，他们仨同时出现，我想到一句话，“仍有人仰望星空”。

（2014 年 10 月 26 日刊登于《深圳商报》）

俞老板过生日

9 月 13 日是一个大喜日子，海豚出版社社长俞晓群生日。身居北京的他选择来深圳度过，庆祝海豚新书《吹皱集》《故宫记》《我们不懂电影》《有一只老虎在浴室》的出版。新书作者三人张清、祝勇、毛尖按计划原本应齐齐出现在活动现场的，只是，上海天公不作美，愣是费尽周章地把毛尖困在了机场，一天半过去了，她还在沪城隔雨相望。

俞晓群写过《让我“惊呆呆呆了”的毛尖》，是《我们不懂电影》的序，文中强烈表达了对毛尖才情的“妒忌”及欣赏，为此他接连出版了毛尖若干本书，以至于某次聚会中毛尖情急之下也“奋不顾身”地笑称，今后30年的书都给你出。以这种情分计，毛尖当时打不着“飞的”，也要迅速驰骋高铁十几个小时赶来赴宴的。问题是，毛尖完全被蒙在鼓里，毫不知情。于是不经意间，欠下了一个大大的生日蛋糕。

饭桌上，大家抚摸着海豚出版社新品各种材质的毛茸茸的书封，无限感慨：书竟然出成这样，啧啧，就是不读也过瘾。言下之意似俞老板你天天过生日好了，我们就可以天天拿到如此“貌美质佳”的书了。

俞老板响当当东北人氏，豪气干云，30多年来，出版江湖上阅人无数，历尽千帆。他总是一脸了然于胸的微笑，笑得你不知他是喜还是忧，是恼还是怒。但他的大气魄、大手笔是天下闻名的，出几米的绘本，在国内无人比肩；出各种小精装的文学书，小乾坤里大气象，小散文也高大上。拿此次四本书来说，又刷金粉，又绒布面，又手工贴纸，又凸凹有致的，再不想读书的人都愿意一窥究竟了。

他出版过的好书，真的多不胜数，用官方语言表述，就是他曾主持策划了很多具有很高思想与学术价值的丛书，如“国学丛书”“书趣文丛”“新世纪万有文库”“万象书坊”“海豚书馆”。到海豚出版社后，又把“幼童文库”“民国幼稚园老课本”“幼稚园教育丛书”“小学生文库”等尘封已久的民国老课本系列丛书，捣鼓着重新整理出版。据说庐山电影院那部演出近30年、上万场的电影《庐山恋》，后来能获得吉尼斯纪录，俞老板功不可没，他在辽宁教育出版社时帮着申报成功的。

他旗下的作者阵仗，更是豪华：周炼霞、南星、余英时、周梦蝶、林行止、徐森玉、容肇祖、沈昌文、傅杰、陈子善、莫言、葛兆光、张大春、王安忆、叶兆言、林白、傅月庵……“2013年，海豚出版社的生产规模比2010年增长了5倍，达到1.5亿元。”有数据有真相，就是说，自从俞老板执掌海豚出版社后，这只海洋小动物，在书界飞来跃去的，让读者牢牢记住了它。

13日是周六，晚上中心书城的活动结束后，大家移步到卓越世纪中心张清的根据地“红砖房”庆生。蛋糕摆起，蜡烛点上，生日歌唱响，寿星俞老板微笑着默默许了愿。第一次，他脸上的笑，特别放松，格外慈祥。

这位已是大师级的出版人，低调为人，高调做书，实实在在关注的唯有二字：品质。

品质在，一切风轻云淡。

生日快乐，俞老板。

（2014年11月9日刊登于《深圳商报》）

张爱玲“未亡人”

陈子善教授做梦都想不到，自己有一天会从张爱玲的“男朋友”直接上升到“未亡人”，并且“百年守灵”。

当然，这事不能怪别人，“始作俑者”还是陈教授本人。为啥呢，他自20世纪80年代情迷张爱玲以来，一直忠贞不二，不离不弃，不单亲自上阵，还广泛发动学生，兵分多路，侦察并收集张爱玲散落在旧报纸、老杂志中的各种蛛丝马迹，编和写了关于张的N种集子，延绵30年，热度未减。如今逛古书摊或是见到书友藏有张爱玲初版本、签名本，照样眼睛放光，心潮澎湃，做誓死冲锋或决斗状。为此，不知陈教授悄悄当了多少回冤大头，被蒙掉了多少两银子，又抬高了多少市场行情，并因此扰乱了多少业界秩序。现在的旧书拍卖会上，只要陈教授瘦高的身影出现，张爱玲的书价格必定虚高不下。教授也乐得当局者迷，沉溺其中，不挨宰誓不归。

学生毛尖心善，屡替陈师母的荷包着急，最后看不下去了，毛派“毒舌”出场，警示卖家：“如果有人问，张爱玲还有什么亲人在世，我会毫不犹豫地告诉他：陈子善。”宣言一出，不得了了，广为传播，慢慢地，网络间、报纸上、别人文章里，全然成了“张爱玲的男朋友陈子善”。好在陈教授心胸宽广，荣辱不惊，嘿嘿两声之后，“男朋友”就“男朋友”，有啥了不起的。张爱玲，照爱不误。

可这就引出事端了。2014 年 4 月 26 日，香港粉岭新汉记酒家，董桥先生退休晚宴。陈教授恰巧应邀到香港城市大学当文学创作奖评委，会议之余，欣然赴会。

无奈地偏路远，开席之后，陈老师才抹着头上的汗珠，匆匆赶到，入座举杯与众同贺。席间，藏书家林冠中兄递上一本1994年7月香港皇冠出版社初版张爱玲之《对照记》，陈教授如获至宝，连忙把“张爱玲”装进随身携带的布包里。按说事情至此，一切圆满。大家念着日子重要，趁董先生高兴，纷纷索求签名留念。书友叶国威取出“小天工”毛笔，梁基永递上墨汁，林道群把餐台一角整理成书桌，董先生于是举笔蘸墨，挥毫题词，有求必应，一下子四五十本出去……此时，一直在场边观看的陈教授按捺不住了，“我未带董公之书，正好冠中兄赠我皇冠出版社初版张爱玲之《对照记》，灵机一动，即请董公在该书前环衬写几句，董公不假思索，大笔一挥，幽我一默，可见退休后心情之放松自在也”。这是事后陈教授在微博第一时间发布的消息。

因了陈教授的自曝新闻，我这里才敢还原一下当时的过程：

董先生接过书，略一停顿，随即微微一笑，提笔于墨汁上点了两下，低头下笔飞舞。手移动处，只见蝇头小字浓淡相宜，刚劲清逸。题毕，书即被抢而传阅，一个接一个，众声喧哗，继而响起教授声声大叫“手别碰到字，墨没干……”可怜教授太瘦太高，身手不够敏捷，只追着一众后生满屋子跑。

董先生究竟题的是什么呢？

毛尖，你笔下的“亲人”继“男朋友”out了，董公出手，岂能是等闲之辈？

董言：“为张爱玲香魂题给未亡人子善老师大吉大利百年守灵。”

（2014年5月11日刊登于《重庆时报》）

裴亚红与新城市文学

我们习惯称她为裴姐，或是亚红姐，更多的人称她师姐。

总有一个“姐”字。我这里想，不单单因为她比我们年长，主要是“姐”字多了一份敬重。

这些年，亚红姐一直默默忙碌着，我们知道她在宝安区地头上捣腾着一本杂志，用她自己的理念和方式，播种生根发芽式的，等待它的成长。

时不时有好消息传来，比如，里面的作品被哪儿哪儿转载了，里面的作者在哪儿哪儿获奖了，里面的稿子排着长队，要到明年甚至明年的明年才能登完……我们闻之高兴着，她可一点儿都没有骄傲的意思，依旧小折腾不断，听骁儒兄说，夜里还要时常加班。于是，老公当司机来回接送就变得责无旁贷了。

就这么着，厚厚四大本的《民治·新城市文学精选集》漂漂亮亮地出来了。封面远远一瞅，就能闻出裴亚红的味道，空旷的雪白页面上，出其不意地露出一角她所钟爱的花红草绿印花图案，“乡村”得你忍不住盯着“新城市”三个字思量半天。可就是这种奇怪的落差，坚持有年，慢慢地成了《民治·新城市文学》杂志的标志性封面，只需一眼，便知道，是它，无可替代。

风格就是这么形成的。她从来不对我们讲什么大道理，甚至从来不跟我们谈论工作中的种种辛苦和不易。只当每个季度，收到如期寄来的那一本用线装订的杂志，就会知道，亚红姐，别来无恙。

我们曾经在同一幢大楼办公，亚红姐在十楼，我在十八楼，同一家集团不同的报社。有时在电梯里碰到，她总是很迟才下班，我心里嘀咕，亚红姐负责小说连载版，每天三分之一的报纸版面，也要挨到这么晚啊？

不久，她离开了报业集团，调到民治街道办，筹划办一份新的杂志《民治·新城市文学》，那是2009年。深圳自20世纪90年代兴起的“打工文学”，随着城市的转型，已慢慢淡去它的色彩，“新城市文学”的定位，从亚红姐这儿第一次听到，似乎意味着深圳文学准备迈向一个新的高度。不禁悄悄替亚红姐捏把汗，如此重任，可不像编小说连载那么简单。

后来证明是我格局小了。亚红姐的天地里，有我们所看不到的边际。

《民治·新城市文学》创刊号于2009年7月问世，至今我对它的毛边本封面印象深刻，黄褐色封面，上边印着墨色的木刻丛林，与水中的倒影连接，气势磅礴。中间夹着一条天蓝色腰封，背景为远山，上边打着“所谓毛边书，就是印刷的书装订后，三面任其本然，不施刀削。要看书，得耐着性子，将书页一一裁开，摸起来，毛茸茸的，故曰毛边”。这是绝无仅有的一个毛边版本，距现在7年，估计再找也难，谁当年手头收藏了如今便成珍本。

不管传播渠道、阅读方式发生了怎么样的改变，于书、杂志和报纸而言，内容为王是不变的真理。亚红姐的《民治·新城市文学》也是如此，她将栏目设有《文学现场》，下分“名家新作”“小说擂台”“诗南方”“作家视野”；设有《高谈书集》，下分“荐书”“书摘”“书故事”……后来不断调整，增设了很多栏目，如《艺文论坛》《大散文》《影像人生》《旧文重刊》《深圳文学经典》《作家手稿》等。第1期阵容就相当强大，不少是当代中国著名作家的新作，有何立伟的小说《一种叫信心的药》、刘亮程的《走动的黄金》，深圳本土作家王十月的《秋风辞》、厚圃的《前妻》……似一股新风，从民治街道吹来。

同为编辑，深知约稿之难，约高质量的稿件更是难上加难。我不知亚红姐有什么杀手锏，可以让四面八方的优秀作家或新星作者获知并迅速了解这本刚刚起步的区街道办内刊；我至今也百思不得其解，她又是以什么样的情感维系或是沟通方式，让那么多重分量的文章在这里首发，甚至有的大腕并不因出版周期限制需排期很长而没了耐心等候？究竟是什么样的个人魅力，让这本杂志7岁便名声大振，有了“南方《收获》”之雅号？又是什么样的操守和坚守，在“向市场低头的畅销书体制下，得以坚持着以微小的力量抗衡世俗化生活”（此为尹昌龙语）……

这种问题她当然不会回答。舞台的聚光灯下，你根本无从找到她的身影。

眼前只有一张强大的作者名单：刘亮程、残雪、鲁敏、余世存、李娟、葛亮、张楚、温亚军、鲍尔吉·原野、王璞、薛舒、徐则臣、罗伟章、金仁顺、胡学文……深圳作家有杨争光、邓一光、南翔、蔡东、曾楚桥……你会看到那些脍炙人口的作品，如毕亮的《外乡父子》、曾楚桥的《老豆，老豆》，甚至杨争光《公羊串门》的手稿、马原第一部话剧《过了一百年》的手稿……都在这里惊艳亮相。你甚至惊奇地发现，这里的许多首发作品被《新华文摘》《小说选刊》《小说月报》《中篇小说选刊》等重要刊物转载，更有多篇作品获全国、省、市文学大奖。张楚的《良宵》便在《民治·新城市文学》上首发，后获得2014年第六届鲁迅文学奖。

她，只会以杂志说话。

在中国这个人情社会里，要想做事，确需要一份六亲不认的勇气。在裴亚红手里，曾退过不少著名作家的稿件，也因此得罪了不少人，所以平常参加活动时她就特别谨慎，担心“人情难还，于心不忍”。坚持只用首发稿是她的另一个原则，在起始阶段，不少作家并不认同一份内刊一定要首发稿这条标准。曾经有的作家作品被其他刊物编辑暗地里“卖了猪仔”，违背了首发原则，杂志扣发了其稿费。也因此，执行主编裴亚红的铁面无私在圈内出了名。

自己不亮相，但杂志会频频亮相。2010年，《民治·新城市文学》创刊一周年，举办了一场研讨会，围绕“新城市文学”的提法和定位，以及和深圳先后提出的“打工文学”“新都市文学”“移民文学”的关系及异同展开了研讨。2013年，国内很多知名的评论家、作家、学者再次应邀莅临民治，以“新文明的崛起与城市文学：从深圳文学看城市文学新的特征”为题，对“新城市文学”的内涵和外延进行了挖掘和梳理。他们认为，没有文学的城市是没有灵魂的，作为一个拥有30年独特历史的城市，深圳在文学上的收获和这个城市的知名度、地位并不匹配，深圳的文学向这座城市贡献它该有的批判或者是反思很不够。换言之，深圳的独特性在文学上并没有被认识到，这个独特的城市需要独特的文学。裴亚红初心未改，每期封底“新城市，新梦想，新文学”九个大字，便是她基于杂志所发出的新的文学召唤。

搜遍了网页，裴亚红仅有的访谈里都表达了对杂志编委会主任李勇大力支持的感激之情。李勇也是我们的老朋友。一个区里的街道办，想把一份本以为是会议消息工作汇报的内刊，办成一份在国内影响力巨大的纯文学刊物，作为区里主管领导，的确需要具备很大的魄力和胸怀。李勇有一句精辟的话，这里抄录如下：“生活在深圳的人都有两个家乡，一个在远方，另一个就在脚下。所以，有必要来一次有意识的精神扫描。”

我便理解为，从远方来到深圳的每一个你，通过手边的《民治·新城市文学》，都可以找到远方的那个自己。

深圳可能是拥有全国文学内刊最多的城市，据不完全统计，单宝安区、龙华新区、光明新区现有各种内刊100多种，其中纯文学内刊10多种，这里边包括西乡街道主办的《伶仃洋》、大浪街道主办的《羊台山》、民治街道主办的《民治·新城市文学》、沙井街道主办的《合澜海》。“60年代以前，我们高密东北乡真像一个泽国，水多得一塌糊涂。那时候一到夏天就连阴，雨水缠绵不断。但从70年代开始，一直到现在，干旱得越来越厉害，有时候三个月滴水不落……”2012年夏，作家莫言的散文《洪水·牛蛙——故乡漫谈之一》便首发在《伶仃洋》上，几个月后，莫言登上了诺奖奖台。

从这个侧面看，内刊文学的兴，是深圳这座城市的幸。

粗粗统计了一下，7年来，由亚红姐编发的《民治·新城市文学》，到目前为止共27期，平均以每期22至25篇稿子算，多达六七百篇。2015年起，她便想着从每个年度发表的作品里，精选出优秀作品结集出版。这当然是个很好的想法，只是又给自己身上加了压。她开始行动，报项目，游说各方，筹钱，从“手心手背”的作品中掂量、斟酌、商讨再三，最后选出了目前四集中的这些作品。这个过程于她，真的费心劳力，甘苦自知。为了弥补心中的不舍和遗憾，她甚至在出版时坚持把每一期杂志的目录复制至书目中，以便让读者看到曾经发表过的作品，也了解因篇幅限制无法一一呈现的佳作。于是，便有了摆在我们面前的这四本精选集。

前边说过，封面是裴亚红式的设计，攀援的绳索，乡村的大色块图案，绝对的留白，无限遐想的空间，一如既往的杂志封面延续至书本。她是如此执着，不管别人会如何解读，我从中看到了一种对细节的坚持，对传统的坚守，对创新的追求。或许我们可以这么理解，城市再新，也无法与传统脱离和阻隔，那种浸入骨髓的乡土所代表的传统，便是新城市文学发展的基石与源泉。

对，执着，不管亚红姐承认与否。

从河北驰骋到西藏，又从藏区的兵营里驰骋到改革开放前沿的深圳，自始至终谨慎、自省、谦虚，一种“文学的梦”让她温婉秀气的脸颊带着一股豪迈之气，不离不弃，不折不挠。她曾经转发过一篇文章“摄影师用照片记录朋友喝酒前后的表情变化，你真的需要喝几杯”，然后豪气干云地掷地一句：什么也不说了，喝酒去！

隔着屏幕，我看到了大家熟悉的亚红姐。朋友圈里，她经常转发身边朋友的文章，加带问候，有时甚至也是俏皮有趣的。蔡东新书《我想要的一天》发布，便预告说，蔡东的世界正缓缓展开。转发王绍培的文章，不忘附带一句：“最著名的读书会，我也想参加。”争光大哥的《杨争光文墨》出版，就连声赞叹，“好美好美”。她转发钟二毛的诗《故乡像楼顶上藏着的棺材》，转发王樽的影评，转发朵渔的《下雪了》。当然，还有小姚的新书“小绿来了”。“姚言书事”是她转发频率较高的一个公众号，到了写姜威的那一篇，她写道："记得当年从大侠家绕过去参观姜威的书房，还保留着他那张涂了红脸蛋的名片，每年这一天，许多人都会怀念他。"

她惦念的人总是很多，惦念她的人也总是很多。每当聚会，大伙开口第一句就是，裴姐呢？亚红姐呢？师姐呢？……

（2016 年 6 月刊登于《深圳晚报》）

韦力也有八卦

韦力出现在故宫北门时，我们一行正从故宫出版社的书院往“御膳房”走去，秋天的夕阳下，瘦瘦高高的他显得伟岸挺拔。这是他腿伤之后我们第一次见面。汽车泊在车位上，韦力说自己开车来的。他边说边往前走，从外表你根本看不出他去年经历了一场祸及身心的变故。

一切如常。淘书、访书、拍书、得书、读书、写书、出书……一样都没拉下。是啊，他又收了不少宝贝，只不过，每样对他来说都有如获至宝、久别重逢之感。《大方广佛华严经三味忏法八卷》，八万元底价得之，“大感意外，为之欢喜多日”。《钱罄室手书三经》，五十万元，“以这么便宜价格拍得，远不及我出价上限的三分之一”。《小学大全》乾隆刻本，出限价六万元，五千元得，“我心大悦”。《史微》，清代张尔田的扛鼎之作，“起拍一万两千元无人竞价，以起拍价得之，大快”。《北溪先生字义》图录，“出限价一千元，请朋友代为举之。而成交价格确如我的估计，以这么低的价格拍到手，也称得上是一个小确幸”……他还提到一部流传至今最小的印谱，火柴盒大小的《锦囊印林》，“二十年来的中国古籍拍卖史中，《锦囊印林》仅出现过两次，第一部出现时，即被我拍得（花费了近八十万元人民币，以体积算，是他买到的最贵的书），故必欲将此拿下，以成璧合之好。定下底价后，电话委托，话音未落，价格已到了二十万元，我本能地将心理价位提高了一大截，然举到二十万元时，突然没了应价声，如此轻易到手，倒让我有点怅然若失之感……”

饭桌上，韦力侃侃而谈。他时不时地改变一下坐姿，装了义肢的腿部还是不大舒服。去年年初韦力在河南安阳一座寺院内察看石碑，突然身边一大石碑无缘由地倒塌，他算身手敏捷，迅速避开，无奈还是被砸中了左脚，回北京截肢。马未都去积水潭医院看韦力，百感交集，一时语塞。韦力反劝其“事情出了就要面对，我是搞版本的，眼睛最重要，手比脚重要，右脚比左脚重要，按交通法规，右脚在还可以开车”。现在，他不论去哪儿都坚持自己开车。而 2011 年，正是他开着豪车，横跨北京城几个来回，为我回芷兰斋找寻那只丢得蹊跷的手机。

突然，他对我讲起一个故事来：因工作关系，A 一直对 B 心持欣赏之念，长达数年，B 没有明确回应。大家照常相处。某天，A 见到老友 C，B 也在场，C 介绍说，B 是我的太太。A 当即大窘，“简直无地自容”。韦力说这并非虚构的故事，有机会他会自己写出来。

我闻之大乐，原来，韦力不只是生活在古远年代与古书为伴的“古板人”，他也温情脉脉，也柔情似水。这就对了，哈哈。

（2015 年 1 月 18 日刊登于《深圳商报》）

“黄迷”吕浩

2006年陈子善教授在上海以华东师大中国现代文学资料与研究中心名义，举办“黄裳散文与中国文化”研讨会。会议筹备时，他问黄裳，希望哪些年轻朋友与会，黄裳提到了一个名字：吕浩。

吕浩，小字辈，1977年出生，陕西长安人氏，字浣溪，自称爱纸敬书斋主人。与黄裳先生的年龄足足相距一个甲子。

能入黄老先生法眼的，当非寻常之人。吕浩欣然与会，提交了他所编订的《黄裳著作系年录》，会议组将其整理为《黄裳著译书目》，与其他论文装订一起印了50册，发与会者。陈子善说，如今这份书目已成为黄裳研究中一份难得的资料了。

提起吕浩，书界称之为“黄迷”。他于2003年开始收集黄裳的书，至今十余年，已达百余种不同版本的黄裳著作。对黄老的作品，吕浩当然如数家珍。如1948年黄裳译作《数学与你》，黄裳曾在《题跋一束》中说：“这本小书大概是我文字工作中的一种别格。”全书仅62页，插图颇多，先后印刷三次，是开明书店“开明青年丛书”之一。后来吕浩“宝剑赠英雄”，送给了陈子善，陈教授回请黄裳题词，黄老题写：“旧作难遇，几成孤本。”

又如1948年的《旧戏新谈》，黄裳传世著作中版本最为复杂，印刷数量最大的著作。吕浩购于孔网拍卖区，因缺失了封底，书价仅在百元以内。书前空白页面有椭圆钤印一枚。收到该书的日期是2005年6月20日午后，吕浩日记：“今晨怪梦，竟与黄老巧遇而同行，所谈甚欢，一如故友，醒后念之，心境颇佳！而午后所得即有黄老著作两册，此即其一。书品虽差，而终为黄老民国版著作中难觅之书，有幸得之，已堪庆幸。”

吕浩收藏的还有1996年的《音尘集》，此为黄裳早年三部作品的合集，其中收录的《锦帆集》《关于美国兵》都是出版过单行本的稀见著作，唯有《印度小夜曲》没有单行本。该书属于辽宁教育出版社“书趣文丛”第三辑之一种，1996年第1次印刷仅500册。后据主持此丛书出版的时任辽宁教育出版社社长俞晓群言，“该书的出版拖延时间较长，黄老有些不愉快，所以先行印刷了五百册交差”。该丛书另有少量毛边本，流传绝罕。

《新北京》《银鱼集》《清代版刻一隅》《来燕榭读书记》《梦雨斋读书记》《前尘梦影新录》《珠还记幸》和《榆下说书》……在吕浩的收藏目录里，黄老最经典、最有代表性的作品都被收入囊中。最值得一提的是黄裳改编自《水浒传》的《林冲》，仅60页，吕浩花了

400元从孔夫子旧书网竞拍而得。

《珠还记幸》曾于1985年初版，2006年由三联书店出修订本，另有精装特印本100册，为黄裳先生私人定制专为赠送朋友之珍藏版。数年后，吕浩创建“黄迷爱黄裳”博客，与黄老女儿容洁女士常有文字互动，某次他留言表达没有此书之遗憾，2010年去上海拜访黄老，竟得所赠，感念不已。吕浩说他所藏黄老签名本不过20余本，此为佳品之一。

说起黄裳的签名，吕浩自己“研究”出了一个小秘密：“如果落款‘裳’的最后一笔是正常笔画的方向，则表明黄老签名时心情尚好，或者签名此书、签名此人给黄老印象颇佳。如果最后一笔是向末笔反方向落下，则可能是黄老随意签名或者仅为签名而签名。”他拿了1998年《榆下说书》请黄老签名，最后一笔拉得极长，这或许可印证他开心的特例。

“黄老在93岁高龄，仍然能写出《采蓝集》《是非琐记》《往事琐记》这样的长文，不能不说是一个奇迹。”本来吕浩已编好了一本关于读者写黄裳的书稿，名为《黄裳九五》，希望能赶在先生95岁生日之际出版，孰料2012年9月5日，突闻噩耗。

黄裳走了，吕浩还在继续他的“黄迷爱黄裳”。最近他出版了一本新书《拥书独自眠》，写书及人。我翻遍了前后，却不见谈黄裳。吕浩说，我不是收藏黄裳著作最齐全的人。

（2014年10月21日刊登于《深圳特区报》）

幸福的董粉

4月30日，72岁的董桥光荣退休，这成了书界大事件。满世界都在疯传。深圳学生李西如看着整屏的微信，得意一笑，把与董爷爷的合照收藏起来，又从背包里拿出董爷爷的签名本，放置妥当——董爷爷的退休时刻，她是最早的见证者之一。这个秘密，只留在她心底里。

李西如是中山大学新华学院大一外语系学生。知道董桥是在初中的课堂上，语文老师柏华介绍了这位作家。此后，爱好阅读的李西如在家里书架上发现了《英华沉浮录》，她端详着照片上的董桥，这位有着英伦老派绅士风度的长者，好酷啊。她不知道，五年后的一天，他们会见面并一起吃饭。

可这一时刻真的来了。李西如提前一天从学校赶回了深圳，把自己最喜欢的白衬衣洗了晾晒起来，明天可得穿正式一点。

出发前，李西如往背包里放了四本书，《董桥七十》《清白家风》《景泰蓝之夜》和《橄榄香》，都是海豚出版社新出的小 32 开平装本。书封素朴，除了书名和作者，没有别的装饰。翻开内页有彩图，是董桥珍藏的字、画和古董。

4 月 26 日晚，在香港粉岭的“新汉记”，牛津出版社林道群提前为董先生举行了欢庆宴会，参加者除陈子善教授外，都是一些小字辈朋友。李西如是其中最小的，与董先生相距 52 岁。她躲在人后，怯生生地叫了声“董爷爷”。那一晚，董爷爷讲了很多文坛掌故，笑喷了众人。大伙儿喝了红酒喝白酒又喝烧酒，“90 后”的李西如也频频举杯，敬了董爷爷董太太，也敬了在座一帮自称还是“哥哥”的叔叔们。“哥哥”林道群一反常态，端起半杯红酒，豪迈地仰头喝尽，李西如竟跟着“一饮光”，林“哥哥”一下子激动地把杯子往桌上一蹾，“咔嚓”一声杯脚一断两半。大家遂起哄，“了断了断，意味着董先生彻底退休，与报纸不再有半点儿关系……”李西如悄悄地问：“董爷爷刚才那么多掌故里提到的林青霞，是那个影星林青霞吗？”“哈哈，当然，林青霞息影后一直努力写作，作品《窗里窗外》还是董先生作的序。”有“哥哥”替着回答。

饭毕，又到董桥为书签名时。早已有后生叶国威、林冠中、梁基永铺好桌面，摆正笔墨。看着左一堆右一堆小山似的书，李西如犹豫着不敢上前。董桥握着台北惠风堂制的狼毫小楷，蘸着墨汁，一笔一画地为每本书签名，署上退休的时间。终于，李西如还是鼓足勇气递上了书，董桥在《清白家风》上写道：“初会西如很高兴。董桥甲午晚春。”《橄榄香》题有：“西如吉祥健康。”《景泰蓝之夜》则诗云：“客子光阴诗卷裹杏花消息雨声中题赠西如小姐清玩。”到了《董桥七十》，他思忖了一下，举笔写下：“不写鼓励你的滥调，只愿你做你喜欢的事。”这会儿轮到“哥哥们”艳羡不已，有的作势嘟囔着：“你看，我的书只题了‘董桥’两个字。”陈子善教授抢拍了图片，发上微博“董桥先生为一位大一学生的题词”。85 万粉丝纷纷跟帖：羡煞，馋人，福气，羡慕死了……

散席时，李西如与董爷爷握手作别，她一时恍惚，颇有时空穿越之感，那个初中女生眼里的酷绅士，竟是眼前和蔼亲切的爷爷。回家路上，李西如一个劲儿念叨：“吃饭时我看到董太太离席去买眼药水，董爷爷就把台湾菠萝夹到了碗里，给她留着。他俩好恩爱。”接着，又自言自语：“他同一个姿势写了那么长时间，真的很辛苦。”

当晚的摄影师叶国威，拍了很多照片，他后来把图片结集发到微博上，有一条 @ 李西如，标题是：“幸福的董粉”。

（2014 年 11 月 29 日刊登于《深圳晚报》）

章念驰眼中的祖父章太炎

2016年6月上海人民出版社出版章太炎嫡孙章念驰所著《我所知道的祖父章太炎》，上海人民出版社许卓说可以联系到章念驰先生本人，我心里开始盘算，章太炎1936年辞世，享年67岁。他50多岁才与夫人汤国梨生得大儿子章导，章念驰1942年出生，距章太炎去世六年。章念驰如何知道的祖父章太炎？

看资料，今年74岁的章念驰，曾在上海社科院历史所工作，现为上海东亚研究所所长，上海市台湾研究所副所长，上海市政协常委、台港澳侨委副主任……一身兼任很多职务。

关于章太炎，标签很多，最主要的有两条，一是革命，一是学术。这些宏旨，似乎不是我所任职的报纸区区小版面可以承载的，也不是一两篇访问记能谈清楚的。这些年，上海人民出版社所整理出版的《章太炎全集》，汇集了包括学术专著、文集、信函、演讲、眉批、译文等在内的章太炎现存的全部著述，同时还有“章学研究论丛”也聚焦其生平学术及思想，由很多专家学者呈现了各自精彩的观点。如果想了解章太炎，就该买上述的书去认真读。那么，作为报纸版面的编者，也作为读者一员，我们想知道什么呢？

其实，章太炎逝世 80 年来，坊间各种声音和评说一直未曾停歇。陈独秀说章太炎为人非常小气，朋友向他借钱，偿还时付息，他竟受之而无愧色，他还指证，晚年的章太炎给军阀官僚写墓志、寿序，一篇文章要五千至一万银圆的润资，变庸俗了。熊十力则认为章氏除文章写得好及懂一点小学外，并无学问（语出徐复观）。牟宗三也有评语："想不到章太炎先生对中国传统思想的了解，是如此的幼稚。"胡适则在《五十年来中国之文学》（1922年）中说："章炳麟的古文学是五十年来的第一作家，这是无可疑的。但他的成绩只够替古文学做一个很光荣的下场，仍旧不能救古文学的必死之症，仍旧不能做到那'取千年朽蠹之馀，反之正则'的盛业。"章门弟子阵容强大，有马裕藻、许寿裳、朱希祖、钱玄同、吴承仕、周树人、周作人、刘文典、沈兼士、马宗芗、黄子通等。鲁迅曾写下《关于太炎先生二三事》一文，"我以为先生的业绩，留在革命史上的，实在比在学术史上还要大"。不过后期鲁迅与章师分道扬镳，不相往来。

如此等等，章太炎曾以"小群，大群之贼也；大独，大群之母也""大独必群，群必以独成"呼吁人们摆脱传统社会各种束缚人心的伦理关系，面对浊世，以救世之心重建社会组织，他的"修己治人"良好愿景未必能够实现，但放诸今天，也没有过时。

章念驰愿意谈这些吗？

拟了采访提纲，打章先生电话，关机。于是，发短信过去，自报家门一番，并告知上海人民出版社的张钰翰博士会与他联系。第二天一早，章念驰回短信了："姚主编：适读大示。采访理应配合，只是要上海人民社记录，不知对方乐意否。章。"他不知，这是我们共同达成的方案。于是，周一上班时，在上海东亚研究所有了章念驰关于我的提纲的回答。

果不其然，他说，兴趣性的问题提得比较多，就是章太炎的一些学术、思想、历史提得比较少，这个有些趣味性的采访，我能够理解。

不知这是章念驰对当下媒体环境的一种担忧，还是对这份提纲的一点不同看法。不过，他"理解"地首先回答了关于出生时祖父去世的问题。"我祖父 1936 年去世，我 1942 年出生，我大哥出生时祖父也已经去世了，所以他的名字就叫章念祖，我们几个兄弟姐妹都没见过我的祖父。尽管他去世了，但是在我们家里面还是占据了主要的位置，他在家里无所不在，到处弥漫着他的声音和他对我们的影响。"

章念驰记事起，关于祖父的种种，都是从祖母汤国梨那里知道的。“家里最大的话题都是环绕着我祖父。我祖母一直健在，活到1980年将近百岁才去世，所以通过她间接地把祖父一代的影响带到了我们这一代人身上。”从章念驰懂事起，祖父的影响便无所不在。家里吃饭时会讲祖父喜欢吃什么，不喜欢吃什么，看书嘛就会讲祖父喜欢怎么看，祖父为什么经常得感冒……祖母对章念驰说，章太炎这个人生活没有什么规律，一天到晚读书钻研，有时候半夜里睡醒了一个人起来在书房里查资料，忘记加些衣服，站在书橱前或者坐在书桌上发呆、想问题、写东西，等到发觉冷了已经得感冒了，这种事情经常发生。他不注意小节，不知道怎么去买东西，一般人生活当中的一些琐事都不关心，但又非常懂经济货币。家里的话题大多围绕着他，随便什么事都能引到他的身上。整个家庭的环境气氛向来都比较严肃，弥漫着章太炎的声音和立下的各种规矩，做人要怎么做，做事要怎么做，吃饭要怎么吃，跟人要怎么交往……家里最多的东西就是书了，章念驰记得小时候他们家有7个房间是专门放书的，书柜、书箱全部堆满。

坊间曾有传闻说章太炎是最早刊登征婚启事的名人之一，问择偶条件，他说："人之娶妻当饭吃，我之娶妻当药用。两湖人甚佳，安徽人次之，最不适合者为北方女子，广东女子言语不通，如外国人，那是最不敢当的。"对此，章念驰驳斥说，绝对没有的事情。"我祖父最早的时候，有癫痫，土话叫羊癫疯，身体不好，没有去考科举。他是在没有科举影响之下通过家庭的熏陶和教育自己成长起来的，这造成了他独立研究跟独立治学的好的一面。他的言行年轻时就比较激烈，人称章疯子，人确实比较古怪，跟别人不一样。他没有正式成亲就娶了我祖父的母亲的一个陪嫁丫头，这个陪嫁丫头也陪着我祖父颠沛流亡，但在1903年去世了，留下了三个女孩。""我祖父正式结婚是在经历了辛亥革命以后的1913年，即他前夫人去世十年后，才跟我祖母结婚的。孙中山非常关心我祖父的婚姻跟生活，那时候辛亥革命刚刚胜利，他看我祖父还是一个人到处颠沛，便通过他的秘书长张通典帮助我祖父去物色一位夫人，张通典又通过他的女儿介绍其同学也就是我的祖母，这样认识的，证婚人是蔡元培先生。”“外面很多传说，其中之一是在《大共和日报》上见过他的征婚启事，蔡元培的确有过，但章太炎绝对没有。现在研究章太炎的队伍中分两种：一种是通过正确的史料写的著作，是比较严肃的，字字句句经过考证，这些研究的作品和作者都不会引用花边野史；一种喜欢花边新闻、喜欢野史、喜欢道听途说，写得非常离奇古怪的，这些东西很有趣，所以有市场，传播力很强。”

汤国梨结婚的时候已经30多岁了，新婚还没有两个月，章太炎就去北京反袁，被袁世凯囚禁了，到他重获自由，又过去了三年。章太炎51岁时才有了章念驰的父亲章导，7年后又有了另一个儿子章奇。“我祖父很晚才有儿子。所以我父亲，以及我们这一代人跟其他人比，是小了一辈的。”

大多数人以为名门之后该保有很多遗产，取之不尽用之不竭。“常常闹很多笑话，人家会问我们，你们家有多少土地，因为代表地主阶级嘛，反满派嘛，代表资产阶级嘛，人家以为我们家很有钱。”章念驰说：“祖父去世以后，祖母用了毕生的精力保存了祖父的东西，包括很多文物、书籍、古董，保存得相当完整。1986年祖父去世50周年，我们把这些东西悉数捐赠给国家了。说实话凭我们家庭这么几个老弱之人，已经无法来保存这些东西了。所以我们有个历史责任，与其这些东西被四下散落了，还不如完整地交给国家。捐赠的东西特别多，仅一个目录就有8000多件文物。后来我们又把所有藏书捐给了暨南大学。东西是分成几批捐赠的，文物、书稿、古董、钱币之类捐出之后，国家建造了一个章太炎纪念馆。那个时候是胡耀邦主持工作，他说把这么多珍贵文物捐给国家说明章太炎自己很爱国，他的后代也很爱国。捐献的东西曾经在北京历史博物馆举办过一个展览会，展出了它的规模和内容。现在纪念馆也对藏品陆续整理和出版，已经出版的有他的书信、书法作品及所收藏的碑帖，即将出版的还有钱币，我祖父收藏了历代的钱币，非常完整的中国钱币。”总的来说章太炎一生收藏的东西，包括他的著作，应该说有了一个美好的结局。

37年前，37岁的章念驰参加了上海人民出版社出版章太炎全集的工作，当时分配到的任务是出版一本章太炎的演讲集和一本章太炎的医论集，这是章太炎生前没有完成的两本作品。对于自己的编辑过程，章念驰很谦虚地说：“其实我一点都没有什么学问，唯一的就是靠经验去读。我充其量只是比一般人多知道一些章太炎的故事，都是从家里知道的。但故事不是学问，学问就是学问。我系统地读一切可以读到的书，包括所有学者写的研究章太炎的书，当年的报纸，以及当时的各种文献资料。现在留下最多的就是卡片跟那些读书的摘录。我是循着章太炎一生的经历，每一年每一个月甚至每一天，把它们连起来，跟着他的脚印去搜寻他当时在什么地方写了些什么，发表了些什么谈话、演讲，发表了些什么著作，就是这样很笨地按照他每天的行程去寻找、追踪他的行踪，然后一篇一篇地收集了他写的论文及散落在各处的能读到的文章。那个时候根本没有什么资料库，也无法去查这些资料库，互联网也不发达。报纸上的新闻一般都是比较简单的，但学报、学术刊物都会有比较详细的记录。”

“终于在完全退休前，完成了自己的承诺，把两本书编出来了。”这些年来，章念驰关注其祖父章太炎的相关研究，负责整理《章太炎全集》中的《医论集》《演讲集》，编有《章太炎生平与思想研究文选》《章太炎生平与学术》，撰有《我的祖父章太炎》等著作。

祖母生前对章念驰说，要有“后死之责”，为此他刻了一枚闲章“后死之责”。他的使命和工作，就是帮助祖父完成他的全集的整理出版，今后还会协助出版社把一些散落在各处的文章、史料收集起来，将之系统地整理和研究，再很好地补充到《章太炎全集》的各个部分中去。

对于坊间对先祖的臧否不一，章念驰说，收集资料的过程当中，通过研读梳理，自己也有一些想法。“我发觉这些想法如果不把它说出来，也许是个错误，因为现在的人对他越来越不了解了，所以作为一个老人，是有一个责任把这些历史的真相说出来，而不是简单地去参与这些辩论跟争论。我觉得一个名人的后代去跟人家争论、打官司、争什么版权、争稿费是最无聊的。所以当我还能够头脑清醒的时候就要把我所知道的章太炎写出来，跟其他人知道的章太炎放在一起，来复活这一段历史，复活这个人。”

章念驰一直认为大树之下长不出更大的树，“他（祖父章太炎）作为这样一棵大树，我怎么可能比他长得更高大呢，连一棵它下面的小树都很难成活。所以炫耀前人的学问是很不适宜的，我们能做的就是多学习一点研究一点，但不要以后人的名义发表看法，这很难做到科学公正。历史学就是历史学，这是不能用感情的一门学问，我们作为后代凝聚了太多的感情来从事历史学，有点困难”。

“现在一般的人对章太炎的理解非常有限，大家仅仅知道他是一个革命家，一个反清斗士，一个疯子。我作为一个老人，经历了这样一生，在一个章太炎的影响无处不在的环境下走过来，我要跟大家说，大家曲解章太炎了，他不仅是一个反清斗士，而且是一个提倡共和的先驱。他与他的这一代人才是中国近代民主的真正的追求者。”

关于革命的一面，章念驰澄清说，辛亥革命以后，章太炎没有参加过国民党、共产党，一天都没有参加过，他对自己的定位是个民党，人民的一员，作为一个监督政府、监督政党的一员。这种站在民间角度去监督政府，站在民间角度去监督政党，这个概念我们历来是非常薄弱的，但是章太炎这代人充满着非常浓烈的这种监督感。他跟孙中山非常紧密，孙中山一生当中四部最重要的著作，都是请章太炎写前言。三次推荐章太炎担任国史馆长，遇到跟章太炎合影，孙中山总是把章太炎放在首席，他尊重他，因为他们之间有这种民主共和的追求和默契。

关于学术的一面，章太炎作为一个国学大师是没有争议的。章念驰写章太炎，便把他的学术一生分成八个方面，展开来让一个国学变成大家知道的八个领域，而不是一个简单的小学，它至少还有诸子学、哲学、文学、史学、经学等方面，而章太炎最大的特点就是在这些领域，每一个领域都有创新和成果，他不是守旧的，他是极力提倡疑古的人。五四运动不是章太炎领导的，但是五四运动是章太炎那些学生领导的，为什么？他们从章太炎身上继承的就是疑古，就是敢于怀疑过去，敢于创新。中国国学的生命力不是简单地去墨守成规，简单地去注经释经，而是如何去构建一个中国自身的思想文化的体系，所以姜义华的文章大声疾呼，疾呼章太炎身上两点东西被人忽略了：第一个是他反反复复强调的自国，从我们自己国家出发，一切要从自己国情、国家的特点出发，而不是简单地学外国，所有的东西都要融合到中国自身当中来。第二个是自心。所以中国今天最重要的是要建立自己的文化体系跟话语体系，要从自国、自心去寻找，从这点上来讲章太炎无论如何都是先驱，他给我们留下了一笔非常庞大的丰富的文化遗产。

章太炎的著作难读，连鲁迅都说过“读不懂，点不断”这样的话。章念驰对此建议，一般人如果读他的著作有点困难的话，读他的演讲是最适合的。他的演讲当中政治主张是谈得比较透彻、没有什么隐瞒的。所以在一些重大问题上可以通过他的演讲看到他的种种政治主张，对研究他的一生和他这一段历史是有帮助的。章太炎所有的学作、著作，基本上在成为一个单独的著作之前，都是演讲，都是先在某些地方通过某些演讲谈了自己的想法，然后在演讲基础上整理成为著作；或者著作写成以后又在其他地方把著作内容作了深入浅出的演讲，所以要了解他一生的政治观点和学术观点，读他的演讲是比较有用的。

……

章念驰健谈，坦率又真诚。看得出来，他有一份急迫之心，“章太炎作为一个历史人物已经被边缘化了，他作为一个时代的代言人已经被人遗忘了，他的业绩与成就已得不到传承了，人们不愿花更多的精力去研究一个艰深的历史人物，人们更喜欢看动漫而不是看历史经典了”。“后死之责”在他肩上，显得异常沉重。他分明愿意以己所能去尽一份力。

关于章太炎还有一个逸闻，每次上课他都会讲一个开场白：“你们来听我上课是你们的幸运，当然也是我的幸运。”在他逝世八十周年后的今天，我们再一次重读章太炎，或许，也是我们的幸运。

（2016 年 6 月 26 日刊登于《深圳晚报》）

书之情

喝酒，才是你的风格

吴兴文大哥来深圳了，为他的海豚新书《书缘琐记》造势。想到要跟他一起吃饭，我就很兴奋，因为，又可以在酒桌上听吴氏妙语文师高论了。

印象中，吴兴文是酒仙、酒圣、酒神。只要有他，酒桌上定活色生香、话语铿锵，有趣得紧。我曾写了关于他的文章，“谈书谈人谈酒，非常投缘。一顿饭，喝得大醉而归。离开深圳后，酒醒的吴兴文问大侠，他送的十几张藏书票，夹在杂志中，拿到没有？大侠霎时酒醒，杀回酒店，问东问西，什么也找不到。据说，杂志放在一个布袋子里，袋子随意搭在椅子靠背处。人晃晃悠悠走了，那十几张藏书票从此就走散了”。又一酒席，“后看冠中兄发微博，吴兴文醉态可憨，手持酒杯，不肯放下。后来如何收场，文弱的林冠中又如何撼动个高结实的吴兴文呢？微博未解”。还有一酒席，“他边喝边聊，天南地北，聊天的声音先越来越大，复越来越小，桌上的酒瓶越来越多，一会儿，铛铿一声，杯子倒了，酒洒了一桌。连忙擦拭。没事儿，继续喝”。……文章收进书中，吴兴文看后，喃喃，你怎么尽写我喝酒呢？我当然不止写酒，写的是《吴兴文这张藏书票》。只是酒比藏书票于他更真性情。后来约他写美食文章，交稿时他说，你把我写得那么裸露，我也坦诚一回。再看文章，“咸蛤蜊是台湾夜市有名的一道凉菜。在盛夏时节，饮上大杯生啤酒，配合一盘咸蛤蜊，酱油伴蒜将蛤蜊体液排出，两者混在一起，和生啤酒大口咽下的感觉，真是奇妙无比”。哈哈，还是酒嘛。

文人与酒，古今中外几乎连体不可分。菲茨杰拉德口不停饮，写出了名作《了不起的盖茨比》；海明威“喝醉了写，酒醒后改”；福克纳则说：“我饮了一杯马丁尼酒后，便会觉得大了一些，高了一些，聪明了一些。当我饮了第二杯，我会觉得超然。再饮几杯，我会觉得我的能力无限”；斯蒂芬·金也是每喝必醉，他自认“不过有点贪杯”；奈保尔喝多了还误闯女人房间一头倒在人家床上；文学评论家爱德门·威尔逊曾出版了《禁酒时期词典》，列了104个形容“醉酒”的词句；梁实秋喜欢“花看半开，酒饮微醺”；汪曾祺的宣言更决绝：宁舍命，不舍酒！爱喝酒的古龙去世后，酒友倪匡买了48瓶XO赴其葬礼……

可是，中午晚上一连两顿饭，吴兴文只是端杯浅斟，沉吟不语。《书缘琐记》的书封花色鲜艳，选用了19世纪英国设计师、诗人威廉·莫里斯的花鸟图案。在书籍装帧设计方面，威廉·莫里斯通常采取对称结构，多以植物为题材，反映出一种中世纪田园风味，对后来风靡欧洲的新艺术运动产生了一定的影响。很多人喜欢他的设计，包括董桥，还有吴兴文，海豚出版社老板俞晓群更是不惜成本地把旗下一系列新书采用此类图案制作……威廉·莫里斯难道不喝酒吗？反正俞老板是喝的，我知道。

据医学专家说，酒精能够刺激主管想象力、形象化、创造力的大脑右边，不过也会麻木主管记忆力、细节、责任感的大脑左边。没有见到喝 high（爽翻）的吴兴文，还是少了点兴致，在书中看到“旧书背后都有故事，只是大部分断了线索”“没有人是孤岛”这样的句子，其实更愿意是在酒桌上听到的。

吴兴文送书时在书扉上题签，用了爱默生的一句话：“一个人的风格，就是其心灵之声。”

更想说，吴大哥，你的心灵之声就是喝酒，那才是你可爱的风格。

（2015 年 10 月 18 日刊登于《深圳商报》）

他失去的是未来

菲利普·福雷斯特微胖，身材高大但不敏捷，脸庞略宽眼睛却不够深邃。与平常看多了的法语影片男主角让·雷诺、阿兰·德隆、让-保罗·贝尔蒙多、杰拉德·菲利浦相比，的确让人略感失望，更不要提足球场上的本泽马甚至历往的齐达内之类了，尽管世界杯正如火如荼地进行着。

法国人福雷斯特不是影星，也非球星，他是学者，只负责学术和授课。如果不是一起变故，他会一直待在学院的象牙塔里，写关于法国先锋派的论文。1995年冬天的一场雪，下到了他温馨的三口之家——3岁的女儿被告知患了骨癌，隔年4月，弱小的生命戛然而止。福雷斯特掉入了心灵巨大的黑洞里，幻灭人生由此开始。

1997年，福雷斯特的处女作《永恒的孩子》在伽利马出版社出版，随后，《纸上的精灵》出版，2004年《然而》出版……他陷入了“我”的写作，独自私语，与自己对话，又似乎在说服自己，这些作品的主题单一且唯一——那个失去的孩子。他说，我在时间的灾难中进行于事无补的抢救，保留刹那一个动作、一句话的残骸。而作品中，年轻的母亲在死一般无可挽回的痛苦中质问丈夫：你企图用一本书来取代她吗？

这些作品，无法取代“她”，一直到现在，20年的黑洞依然固驻他的心中。他因“她”成了作家，作品屡屡获奖，费米娜奖、十二月奖、飞行俱乐部文学大奖……他和妻子选择了出逃，旅行，试图在别人的文本中寻找出口，却终因无休无止地暗示和提醒，两人劳燕分飞。作品中的父亲和母亲，也是现实中的丈夫和妻子。

福雷斯特不停地抽着雪茄，一根接着一根。他的脸和眼睛，望去是满满的忧伤和沉重。如果不是在中国出版第四本书《薛定谔之猫》，他也不会出现在深圳，这座与法国文学有着根深蒂固关系的现代之城。有读者读了他的第三本自撰书《然而》，见他之前不得不深深担忧，这些年，他一直是疯狂地清醒着，提问题是不是建立在他的痛苦之上？

法语翻译家胡小跃是《薛定谔之猫》（下称《猫》）落户深圳的领路人，他的同行南京大学法语系教授黄荭担任了书的翻译，他们共同见证了痛苦中的福雷斯特继续沉溺于过往的痛苦中并清醒着自己的痛苦。《猫》还是延续以前的写法，重写福雷斯特生命的故事，不过这次借用了一只猫，思考人的内心不可破解的奥秘。“人们失去心之所爱。因为一次还不够，一生当中必得一而再、再而三地失去。毕竟重复是唯一有效的教学法。将存在当作一段漫长而可怕的预习，为遁入虚无作准备。”

与其说是《猫》的寓意，不如直接理解为作家对自己的认知。黄荭更视为福雷斯特的写作在经历一种稀释，仿佛一滴墨落在清水里，情节、情感和记忆慢慢晕染开，是一种悟“空”的过程。

福雷斯特说，当男人和女人结婚，总对未来和将要到来的孩子充满期待，但孩子死了，我们失去的不是一段向后的，对过去共同生活的回忆，而是一段向前的回忆，再不能展望未来。面对死亡，人们总劝我们节哀顺变，和现实和解。但我拒绝安慰，从某种意义上说，文学就是一种抵抗，拒绝被日常生活和现实腐蚀。

对，他失去的不是过去某段岁月，他失去的是未来。

这话，真该让他题签在送我的书上啊。

（2014年7月8日刊登于《深圳特区报》）

你在等老爸回来吗

上海书展，教授陈子善可算是最“日理万机”的人之一。所参加的活动据他自己统计：1.与陈丹青等谈木心。2.伯鸿书香奖启动。3.中华上编所新书发布。4.《开卷书坊》第4辑发布。5.新书《张爱玲丛考》发布。6.《舍不得读完的书》发布。7.《京都古书店风景》发布。8.上海科技文献社“书香文丛”发布。9.抗战珍贵期刊交接仪式。10.海豚社最后场新书发布……还有很多活动因为时间冲突分身乏术而无缘出席，陈子善只得请大家“鉴谅”。

某天正当陈教授戴着小礼帽提着布书袋奔忙于各种活动和饭局时，手机上短信“嘀嘀”了一声，教授中断了谈话，挪开老花镜，定睛一看：“皮皮卧在我钢琴上，头却向着大门，我说你在等老爸回来吗？他静静地看着我，好像听懂了我的问话。你最好早点回来。”是夜 9 点多。

“皮皮”即著名的“陈皮”，与“陈多”是陈教授心爱的两只猫。它们以“书模”的身份频频出现在陈子善微博“早班车”上，当教授一声“猫宁”时，新的一天就开始了。

别以为这两只猫仅仅是道具，它们所承载的信息量、所肩负的重任却是巨大的。每天它们是时事的播放者和评论家，比如：“陈多说：幸好这里无爆炸，玻璃窗都是完好的。”“陈多听说天津那些开记者招待会的水平太差了，一脸不屑的样子。”“多小姐要娇，动作太快了。洗洗脸，好升官。”“陈多，管它大雨如注，我自梦游逍遥。什么，猫国也要大赦了？”“陈皮元帅说，躲在这里也不错。此猫表情严肃。”……上海书展期间，上海辞书出版社文学中心把陈子善会上的表情集了一个专辑，名为“签售活动‘表情帝’”，有人说，要是领导人拍成这样也能发吗？陈子善回复，幸好我什么领导人都不是，只是领导陈皮、陈多的“领导猫”。

他说自己是“领导猫”，可陈师母王老师却说：“你在等老爸回来吗？”分明指的是“猫老爸”。

陈教授只管他台前的忙，其余幕后的，包括猫们的吃喝拉撒睡，却是王老师的活儿。陈师母王老师于是骑上自行车，冲过整座住宅区到那一头熟识的店家购买猫粮，一次扛一麻袋，再骑着自行车回来。猫儿娇贵，不是啥残渣剩饭都愿吃，于是王老师每天挎着小篮上菜市场，专买活虾、小鱼犒劳它们。洗澡呢，这可是一等一的体力活，王老师同样责无旁贷地一样也不落下……到陈府，基本没什么落脚点，除了书，就是穿行在书间的陈多、陈皮。王老师的钢琴幸好还占据一席之地，只是琴下边、琴盖上，不是书就是猫。

不得不说，王老师优雅。那年，我们赴香港为董桥先生庆生，一路上，不管是坐车、行走，抑或吃饭，王老师总是身板挺得笔直，含颌微笑，声音绵软，她悠悠道来，你便可以安静地跟着听下去，她与陈教授的老上海故事如此徐徐展开……那年，她送我一串自己亲手一颗一颗串成的珠子项链，图样的变换、大小珠子的搭配，颇像她本人——优雅不张扬，我心怀暖意，至今珍藏；那年，上海饭毕，她和陈教授引领着我们走下商场电梯，奔赴地铁站，上了列车，车门关上，她和教授驻立门外挥手致意，那一番优雅，像极了电影镜头……那年，深圳昏暗的酒吧里，俞晓群俞老板端着酒杯对着陈教授说，最优雅的莫过于陈教授夫人，那个风度，啧啧。

8月于上海来说，就是一个嘉年华。陈教授早出晚归，迎来送往。家里的书在等他，猫儿也在等他，最关键的，王老师也在等他。可王老师却说："你在等老爸回来吗？他静静地看着我，好像听懂了我的问话。"

（2015年9月20日刊登于《深圳商报》）

童话终是一场梦

《爱丽斯漫游奇境》，一个叫爱丽斯的小女孩，一只掏出怀表看时间的兔子，还有充满未知数的神秘的兔子洞，是孩子们熟悉的童话故事。但它的作者，大人们却知之甚少。

这是一个奇特的人物，叫刘易斯·卡罗尔。卡罗尔是一个笔名，或只是一个代名词，梦境出现的时候，他便出现；梦境消失的时候，他也随之遁形。他成了一位名叫道基森的牛津大学数学教授，以极其严谨的态度撰写枯燥无味的数学专著。

传说，当年维多利亚女王非常喜欢《爱丽斯漫游奇境》，命令手下搜罗该作者的其他作品。令人费解的是带回来的却是厚厚几本难读的数学著作，署名道基森，女王勃然大怒，几乎将手下斩首，但这却是事实。道基森等于卡罗尔。优美的童话等同于刻板的数学方程式。只是当事人本身不愿承认，他清楚地知道牛非马，如果牛头马身或马头牛身将是一件可笑的事情。因此，他戴上了面具，却同时公开否认面具的存在。

对卡罗尔或道基森来说，数学教授是冠冕堂皇的正式身份，而童话作家则是隐藏的一个梦。双重身份必须分开。于是，为那些写信给道基森询问卡罗尔作品的人，他准备了一封统一的退信书："许多陌生人毫无道理地认为道基森是那些根本没有在他名下出版的书的作者，他觉得有必要对所有类似的声称作个说明。他与任何化名及不在他名下出版的书籍都无关联，所以他在此没有必要保留或阅读你们寄来的任何信函，故而将写错地址的尊函原封退还。"

道基森的心态很值得探讨，是生活在童话中的卡罗尔使他汗颜，还是真实与幻想难以统一而选择逃避？或许，对道基森而言，现实便是现实，梦即是梦。不可逾越、不可兼顾、不可交叉、不可混淆。

找署名卡罗尔的其他作品，会看到很多诗作和很多信。道基森25岁开始用卡罗尔的名字发表文章，为自己构筑了生命中的另一个世界。他创作了很多童话，在这个世界里，卡罗尔与十来岁的小女孩们进行心灵的交流，为她们写信、摄影，甚至以她们为精神的依靠。《爱丽斯漫游奇境》，便是以卡罗尔的朋友的女儿爱丽斯·林朵儿为原型创作的，美丽恬静的爱丽斯给了他无限的灵感，最后，却因了这份“亲近”使卡罗尔与朋友反目成仇，成了文学史上的一个千古疑团。卡罗尔的信或以图代文；或是文字反写，需借助镜子方能阅读的镜子之信；或以童话人物的名义写成的、字迹极小的精灵之信，需用放大镜才能读成。对象都是小女孩，卡罗尔为她们悲从中来或喜极而泣。他害怕女孩儿们长大。然而，她们一个个长大了，一个个梦醒了，一个个离开了，又一个个到来了……卡罗尔从29岁起到1880年66岁去世，共写了十多万封信。这些可以称为心灵之信或梦之信。

有人非议道基森，认为做梦应该适可而止，何况做的是多少带点性倾向的有色之梦，如果到老还沉溺不拔，则不是变态就是为老不尊。卡罗尔却一直没有勇气告诉自己，童话只是一场梦，是弥补现实缺陷的胶合剂，终有一日胶会裂开脱落，露出斑驳的底痕，还原真实本色。他知道，那时，生命更加可悲。

卡罗尔宁愿终身未娶，留着他的梦，至永恒。

现实与梦并存，该是很多人的人生最佳模式？道基森为人们遗忘了，但卡罗尔却与爱丽斯永存。

（2003年6月刊登于《深圳晚报》）

王健壮与他的“寻父图”

今年止庵以一本怀念母亲之书《惜别》令很多读者唏嘘。他一反平日理性、平静、克制的常态，以柔情示人。与他相似的其实还有一本书，台湾政论家王健壮的《我叫他，爷爷》。它笔法平实，细节呈现，感悟深刻，无异于一幅儿子心中的“寻父图”，读之同样让人扼腕。

在初夏台湾淡水的“印刻文学营”，我见到了江湖中传说已久的王健壮。夜色下他已微醺，啤酒却还在八瓶十瓶地往桌上放。旁边一位漂亮女孩瞪着大大的眼睛冲我介绍，来台湾，只要认识他，就够了。

那时候，《我叫他，爷爷》大陆还没有出版。“理想国”刘瑞琳一直在坚持“想象另外一种可能”，出了很多好书，包括这一本。“这么多年来不是他从我身边走失，走失的人其实是我，我现在唯一能做的只是在文字的牵引下，一步一步、一寸一寸地尝试再走回他的身边。”

爷爷，是王健壮跟着儿子喊的。当他喊“爷爷”时，比喊“老爸”要亲切得多。在父亲离世18年后，王健壮才敢提起笔，将记忆一块块拼凑：证书、手提包、照片、剑、房契、雨衣、脚踏车、医院、火车、樱花……他把父亲用过的讲过的物件写成了一篇篇“背影”——从地主之子仓皇渡海至台，36年间当兵，住眷村养家糊口，退休后办油行失败，带孙子……一生44年父子情浓缩在一段段回忆中。“十二年了吧？我没有碰过那个手提包，提包外层有三颗印章，两本小而薄的通讯录，里边写了他六个子女的电话、地址、出生年月、时辰生肖……里层则尽是证书，纸质泛黄……”如果不是书封上写着作者王健壮，我会时空错乱地以为是我父亲的手提箱，他于2009年去世，我将他的手提箱一直紧存在柜子里，至今没有勇气打开。而里边，同样是码放整齐的通讯录，我和我姐的出生证，各个时期的学生证、毕业证，以及他自己的各种荣誉证书、奖状和照片……诺奖得主帕慕克的受奖演说也是《爸爸的手提箱》，“父亲在去世的两年前给了我一个小手提箱，里面装的是他的作品、手稿和笔记。他装作以前那样轻松玩笑地要我在他走后再看，这个‘走’当然是说的他死了以后”。帕慕克把自己的文学成就与父亲联系起来，他不敢轻易去触碰箱子，就像他不敢轻易去了解其中沉重的内涵。那种场景和思念之情，都如此相通和近似。

王健壮是一位怀抱新闻情怀的“硬汉”，他政治铿锵，立场鲜明，拥有宏图大志，只是在报业渐衰的大环境下，他与新闻甚至与“中时”的情缘及纠结，至今仍未消解。许知远说，他性情潇洒、酒量惊人，对后辈有一种特别的慷慨，颇具民国报人的味道。这跟淡水街头那晚所见大抵相当。只可惜我去晚了，没能在他清醒时，听他纵论时事指点江山。那晚的女孩定是喝高了，但她的话，却一字不差地落进我的心里。还好，“寻父图”还原了他率性温暖的一面，就像《惜别》带给止庵的松软和丝丝入扣的近人情。

（2014年12月21日刊登于《深圳商报》）

迷住我的不是小树懒，而是讲童书的她

她翻开一页，说，一只悠闲的树懒，正躺在亚马孙浓密的林子里睡大觉；又翻开一页，人们来了，开始砍伐树林，一些动物走了，树懒还在睡觉；又一页，树林变小了，更多动物离开了，树懒还在睡觉；一页，一页……最后，树被砍光了，动物都跑光了，树懒才忽然醒来，周围已不复是原来熟悉的家园了。她瞪大眼睛说，怎么办？树懒没有栖息地了吗？

是啊，怎么办？我的心也跟着提了起来。又翻开一页，突然，下了一夜雨。空白的书页上是满满的雨滴。然后呢？再翻开一页，哗，地上又长出了一片丛林。绿色的小树一棵一棵立了起来。她的眼睛亮起来，呵，树懒又回到大地的怀抱……

隔着长长的桌子，我没注视书中的树懒，倒是书上面那双眼睛，连同眼角纹，甚至脸上的每一个部位，每一丝表情的细节，包括声音，跌宕起伏中溢满了笑，泛着光，引领着我，步入丛林，唤醒心中的树懒，连同空白页上的雨滴，一丝丝如甘露般浇灌我竟从未发现更未踏足的那片神奇土地——童书的世界。

原来讲故事也有如此的魔力，她是如何做到的？我坐在桌前久久未能平复。

这是法国儿童作家刘易斯·里戈的作品《树懒的丛林》，讲解人袁晓峰。短短两分钟时间，我承认自己被迷住了，心中一扇门由此打开。

袁晓峰早就是名人，儿童阅读推广人、著名儿童教育专家、爱阅公益基金会教育发展委员会主席、前小学校长……头衔众多，都是她的。她推行读绘本、讲绘本、演绘本、自制绘本，成立了全国第一个“故事妈妈”“故事宝宝”团队，鼓励家长到教室中给孩子们讲故事，也激励孩子们回到社区给老人们讲故事……她有很多创举，至今不疲。

我在多处场合看到她，听她阅读推广；做阅读版时看到很多绘本童书新品，腰封标签为“袁晓峰推荐”；后来不经意间发现，每周多个下午电台有《晓峰老师读童书》节目，开学了，她跟孩子们一起读《扑克游戏》《小狗哪会跳芭蕾》绘本；秋天到了，她分享《有你真好》《安的种子》；她还会推荐书单，比如《一个星期一的早上》会发生什么，《星期二洗发日》有多少宝贝会哭，如果小朋友在《星期三下午捉蝌蚪》，那么《星期四下午去哪里呢》，到了《美丽星期五》，《一个人的星期六》就不会无聊了，因为《星期天的朋友》就来了……

每本书在她眼里都是“宝贝”，无奇的故事，在她嘴里飞扬。套用她讲的一句话，彩色斑马认为，每个孩子的底色都是彩色的，而教育的本质是发现、关爱、陪伴和滋养。

那次我们一起吃饭，有人问她，老家是哪里的？她像孩子做游戏，反问，猜，五次机会。于是，江浙、东北、江西，她笑眯眯地摇头，还有两次机会。安徽？哈哈，还剩一次机会。最后一次机会落到我的头上。认真看她的眼——瞳仁里映着的似乎是蓝天白云青草地上一众小孩子在翻着绘本大声朗读，有的跑、有的跳、有的做各种动作，袁晓峰是其中最大的孩子，在书堆里跟着大家一起疯。她根本没有长大，也根本不想长大。

现在，公园里，课堂上，讲座中，各种与儿童阅读相关的活动间，依然活跃着一位讲故事的袁老师、袁阿姨、袁校长。身材挺拔的她，白色的紧身裤把一双长腿衬托得恰到好处，她笑着，纯真明亮，你压根儿无法猜中她的年龄，还有籍贯。

我试着猜，成都？

袁晓峰眼睛一亮，重庆！我是彻头彻尾的重庆人。

小时候她跟着父母读书，后来当老师、当校长，尤其1999年接触到绘本，豁然发现这是一个能量巨大的小宇宙，掌握了方法之后它完全可以呈几何级数裂变……她情不自禁地投身其中……

盛产红岩、江姐、火炉甚至是棒棒军的山城，走出了与童书打交道的袁晓峰。幸运的是，在深圳，我们相遇。

我不得不承认，迷住我的不是小树懒，而是讲童书的袁晓峰。

（2015 年 10 月 11 日刊登于《深圳商报》）

古风犹存，如此而已

止庵来深圳，谈起日本人的道统，举了一个例子。谷崎润一郎作品预定2016年进入公版期，近50年来一直出版他的作品的日本中央公论新社，从今年5月开始出版全26卷的“决定版谷崎润一郎全集”。

“这是对作家的最后致意，在他的著作权截止之前再向遗属支付一笔稿费，以答谢五十年来谷崎润一郎的作品对该社的支持。这比起咱们不少出版社总惦记着等人家作品进入公版期后再出，以便省下点钱，真是不同境界。”

止庵这些年常在日本四处游走，对日本文化出版的情况相当熟稔。日本中央公论新社的做法，自有一番道理。我听之啧啧。

谷崎润一郎是日本唯美派文学大师，早期作品有“恶魔主义者”之称；中后期作品回归日本古典与东方传统，曾由美国作家赛珍珠推荐提名诺贝尔文学奖，1965年时因肾病去世。根据国际版权公约，作者去世50年后，版权处于公共领域，不需再购买版权。他有很多脍炙人口的作品，如《细雪》《春琴抄》《刺青》《麒麟》等。日本中央公论新社之外的很多出版社早就等待公版期的到来。

止庵这一席饭间的感慨，后在其微博上发布，争论者众。有出版界的同行指出，此事不仅关乎情怀与境界，也与出版社经营策略有关：公版之前，推“决定版”，再次铺满市场，让觊觎公版已久的同行难以染指。也有人干脆直言，“止老师太装不能忍，拉倒吧”。更有人由此引发“千百年来的道德观都是私有制下产生”

的感想。

同样对日本文坛具有发言权的“知日专家”李长声，也提及此事。他说，中央公论新社以纪念建社130周年为名，于2015年出版《谷崎润一郎全集》，计26卷。这是该社第四次出版谷崎全集。所谓全集，日本特色是不全，这个新全集也如此。最大的魅力是收有创作笔记10册、晚年日记8册等新资料。“虽然著作权过期，也得花点钱，这才是战略。”

众声喧哗，对于从古风上升到士风再上升到民族气节等诸如此类宏大主题的争论中，止庵回应：“此事无关对错；古风犹存，如此而已。”“我无意改变别人的思想，但类似民族主义这种庸众想法，还是离得远些为好。勒庞的《乌合之众》是一本极好的书，可以治我们的病。”

想起前不久，止庵关于另一本书的态度，“收到《众说钟叔河》（梁由之、王平编，华夏出版社，2015年4月）一书，内有我的文章《〈周作人散文全集〉琐谈》，未经我授权，我根本不知道。著作权法颁布已25年，竟还有此事。拙文不足道，钟先生素所敬重，但著作权法须维护，兹要求：将该书我的文章所在之 P442—P447 撕去，再行发售。关注我者，敬请转发”。事后老友谢其章问他：生气啦？止庵答：生哪门子气，只是看编者前言说，编这书“不是一件难度太大的事”，觉得有些好玩。谢其章又问：为何只要求撕去相关页码？答：不愿聚众闹事，只求洁身自好。又问：书撕了还能卖吗？答：当年《半农杂文》发售时即撕去《悼“快绝一世の徐树铮将军”》，勿少见多怪。

我问，后来呢？止庵说，没有下文。谈及旅日事项，他热心支招，末了说，“没有比日本与中国差别更大的了，也没有比日本人与中国人差别更大的了”。看来，确有几分道理。

（2015 年 8 月 2 日刊登于《深圳商报》）

不敢轻易触碰的怀念

又到一年父亲节。《慢读星期六》策划了一期专题，约请7位名家写给父亲一封信。坦白讲，于我而言，这是一个沉重的话题。5年前的那一刹那，至今冰封。如果不是此时翻阅这些信件，满页暖意温情模糊了眼睛，我宁愿选择继续逃避，就像那只父亲的小提箱，从故乡汕头带到深圳，被永久地锁进了柜子里，一直无法开启。

5年前的那个夜晚或是凌晨，究竟发生了什么，至今无从知晓。等我们长途驱车赶到时，深度昏迷的父亲正躺在急救室，瞪着一双大眼睛，无法言语，旁边的呼吸机发出嘀嘀嘀的声响。医生把我唤到二楼看脑部 CT 片子，指着密密麻麻的暗影说，脑部出血点太多太分散了，手术的话只有两种可能，一种是直接告别，另一种是植物人。他没说第三种，我所祈盼的奇迹。

我下楼到急救室，握着父亲的手，软软的，暖暖的，没有反应。一个顶天立地的人，一辈子在他的世界里呼风唤雨，就这么猝不及防地轰然倒下了。病房里站着一圈专家、主治医生，静默着，没有一个人说话。第一次，我深深感到人的渺小和微弱——我，父亲最疼爱的女儿，竟在他晚年最需要帮助的时候，束手无策，无能为力。

6 天后，父亲走了。他拼尽了最后一点力气，让我日夜陪伴在他身边，慢慢地并最终接受了这个事实。医生拔掉他身上的仪器，我于病床前跪下，一瞬间，发现自己突然长大。

处理完后事回深圳，我只拎着父亲生前随身携带的一只旧式手提箱，手把上残存着他手掌的印痕，还有生命的体温。提箱里边是他为我们保存的证件照、毕业证、奖状、荣誉勋章以及他手写的通讯录……父亲的字,工整有序,挺拔有力,像极了他一生的为人,刚毅、耿直、坦荡、两袖清风……

手提箱，至今没再被打开。内心关于父亲的种种，我刻意拒绝面对，或是怀想。而家乡汕头，因了父亲的故去，开始变得遥远、模糊、隔绝，甚至莫名地让我有了一种五味杂陈的情感——一座父亲为之付出一生的城市，最终并没有公正地回报于他。

每逢清明、端午、中元、中秋、冬至、除夕、元宵等时节，我都给父亲写信，在纸上告诉他有关家族的各种消息。信随着祭祀时的冥纸一同焚烧，化为一缕缕轻烟，在空中升腾直至消失。我相信，这些信天堂里的父亲都能如期收到；我也相信，纵使天人之隔，父亲也在默默祝福着他的子孙后代平安顺利。

这些信，也许某一天会集纳成册，为父亲，为他的那一座城市以及他的那一个时代，做一番另类的见证。

亲爱的读者，请原谅我本应以编辑部的名义而非个人写这一篇卷首语，在众名家气势磅礴的作品前，这一页小小的个人心语，隐含着女儿对丧父的心灵之痛，以及一直不敢轻易触碰的怀念与哀思，这于“父亲节”专题，或许也是贴切的。

（2014 年 6 月 14 日刊登于《深圳晚报》）

一样的月光

想看《坎大哈》。

他们说，电影拍得美极了。大漠孤烟，风舞黄沙，一个个用五彩棉袍包起来的睁着美丽眼睛的妇女，像一尊尊优雅的雕像，在广漠里茕茕独行，蓝天白云下，拖着声声梦魇般的当哭长歌，仰天长啸……

“我把我的灵魂投入到这次旅程中，去走一些从未走过的路，就为了给你找一个活下去的理由……”Nafas（纳法斯）说。这是她选择铤而走险的理由，于是，便有了《坎大哈》。

“9·11”、美国出兵阿富汗、塔利班节节败退、北方联盟步步逼近、国际社会紧急商讨重建阿富汗……大背景下，电影《坎大哈》脱颖而出，如日中天，成了全球的焦点。

新版《书城》介绍了《坎大哈》，当然，这只是它内容的一小部分。它有别的重头戏，如再现文字之美，介绍了获诺贝尔奖的奈保尔，也介绍了另一颗冉冉升起的星星——哈金。但因了《坎大哈》，我喜欢了这本外界对它期待过大既而褒贬不一的《书城》。

《坎大哈》、新闻，每天，我沉浸在这样的画面中。

一个多月来，同样的画面不停地掠过眼前：穿着不是黑灰色就是深褐色、长短不一似裤似裙的士兵，手持老式枪支，肩背着弹药，冲锋陷阵于滚滚沙尘中。摄像机偶尔让我看清，那还是小孩子的幼稚脸上，一双双无瑕的眼睛，交织着依稀的困顿迷茫、无以名状的担忧和憧憬着未来的希望……

这样年纪的孩子，在我们周围，也许正在安静的校园里读着世界名著，正青春萌动地扑着柳絮、追逐着心仪的女孩，正心安理得地拿着父母给的零花钱吃汉堡到迪厅蹦迪……然而，已经是战士的孩子，不知道，或不想知道，下一分钟，或下下一分钟，死神就会来临。镜头里，有的战士中弹倒地，鲜血直流，身体挣扎，惨状令人侧目。但旁边的人除了熟视无睹，还是熟视无睹。

都是一样月光下的生命，命运却如此不同。现代化、高科技、网络、克隆、纳米、机器人；毒品、疾病、贫困、绝望、专制、不公……像黑白画，对比强烈；像水火，不可相容；像正负极，有正，才有负。

很多记者问及《坎大哈》的导演莫森·马克马尔巴夫的创作动机，他拿出了自己的一篇论文《在阿富汗，佛像并非毁于人手——它因羞愧而倒塌》，“世人对阿富汗的苦难熟视无睹，它再高再大，又有何干？”

他把一些死亡数据呈现在人们面前，同时，为自己的力所不能及悔恨：“自从那天眼睁睁看着一名和我小女儿同龄的小姑娘活活饿死在我怀里，我每天吃饭时总是心神不宁。可是到头来我所做的好像只是统计出一堆数字而已。为什么我这么无能，跟阿富汗一样？”

这时候，我好像能明白，为什么有恐怖主义，有反全球化，有抵抗西方，有反公司化……很多不同声音响起和存在，因为，他们的参照物是贫瘠土地上的累累白骨，还有，变为白骨之前充满希望的纯真的眼睛。

一样的月光，不再是苏芮唤起一代的经典的歌。照我照你的月光下，炮声阵阵的杀戮游戏依然如火如荼地进行，它已一发不可收拾，如上了瘾的麻药，不停地让罂粟花美丽地继续绽放下去。人类一边我行我素地掠夺开发自然，又一边苦苦寻找远去的家园。我们无能为力，像莫森·马克马尔巴夫。

电视机前，依然是不断更新的阿富汗战况，唯有默默祈盼：真实的《坎大哈》早点结束。

（2004 年 8 月刊登于《深圳晚报》）

听钟叔河聊萧金鉴

跨入2014年，欣闻好消息：钟叔河老先生要来深圳过年了。

2013年年末我写了一本书，其中一篇是关于钟叔河先生的，回忆了历往与他及朱纯阿姨面晤的点滴细节。书出后，兴冲冲地寄给了钟老。快递员刚走，我却后悔了。书里捎带感慨了一下：随着朱纯阿姨的病逝，钟老年事已高，真不知何时还能相聚。

想不到相聚来得这么快。

2014年1月28日，我们一早驱车到宝安前海第五大道。这是个新盖的商住楼，东朝区政府大楼，南靠宝安图书馆，楼上阳台可眺望前海，环境极佳。钟老此前在电话里说，这是外孙女新买的房子。我见过这个外孙女，她多年前从英国学成，来深圳创业，成家，孙女婿就职华为。小两口本在第五园买了房，与我们是邻居，今年又换到了前海。

上楼，出电梯，钟老穿着红马甲，乐呵呵地立在门口。几年未见，红光满面，神清气爽。83岁了，钟老笑着说。

客厅里入座，我先检讨自己的书写得不好。钟老说，又非专业写作。有的专业写作的人，也不一定能写好。有的一辈子只当编辑，却不愿意动笔；有的既当编辑又愿意写作；有的只写作不当编辑的……各式各样。你愿意写，很好。钟老一口长沙普通话，我认真地听，大概能听懂八九成。看着他，我突然想起了父亲，他健在的话，今年也有76岁，比钟老小7岁。父亲生前看我的眼神，跟眼前的钟老，非常的相似。

这是一位海纳百川的前辈，他对中国出版事业的贡献，自有公论。在我看来，最为突出的是20世纪80年代他冲破重重禁区，出版了“走向世界丛书”以及周作人作品。“走向世界丛书”本计划出版100种，后来到第36种停了下来，所幸据说已后继有人。而对于知堂先生，钟老曾以“人归人，文归文”立下了泾渭分明的出书标准，这惠及了后来一代又一代的知堂书迷。

老人家讲起身边的书人书事，提到一个名字“萧金鉴”，他说，世上读书人多，爱书人也不少，但爱书爱到死的人，在他80多年岁月、上百位朋友中，却只有一个萧金鉴。“可惜后来他生病去世了。”钟老顿了顿，停了一下。

“萧金鉴满屋都是书，儿子在厂里帮他另备两间屋，他自己在对河又租了房，也满是书。我跟他开过玩笑：‘古人有“书淫”，你这样兼收并蓄，淫也淫不过来啊！’”钟老说，萧金鉴这么多书，大都是自己节衣缩食买回来的。他收入并不高，常常是掏空了口袋买书，连搭公共汽车的钱也不留下。因为爱书，也跟着爱读书的人和写书的人，这些人都成了书友。萧金鉴生病前，想着要为一位90多岁的书友花钱出书，四处奔走。钟老本不赞成此行为，但为其热忱所感动，便说也愿意出点钱。后来萧金鉴生病了，病中还叨唠着为书友出书的事。最终书出了，没花钱。萧金鉴自己的文章当时也准备结集出版，他希望钟老能为之写序，“我看他生病，当然义不容辞应允了”。钟老说，可惜书未出，萧金鉴就病逝了，他只得以序悼念。

萧金鉴，这个名字我之前闻所未闻。钟老说，他的著作叫《站在阳台看风景》，2012年6月由中国文史出版社出版，布面精装，值得一看。他又说，萧金鉴的文字不错，有内容；生前编的《书人》《文笔》质量也高。大侠一旁感慨，很平凡的一个爱书人，经钟老一写，出名了，成了大家永远的纪念，这便是钟老的功劳。

我后来上网一查，钟老写序的标题为“只有一个萧金鉴”。

（2014年6月24日刊登于《深圳特区报》）

后　记

2016年暑天的一个夜晚，台湾《印刻》杂志总编辑初安民大哥和我在上海某大厦楼下聊天，他抽着烟，猛然一转身："你的下一本书名我想好了，书犹如此！"

书犹如此？嗯。他重重地点了点头。

东晋大司马桓温北伐中原，落败后以柳自比，"木犹如此，人何以堪"，被树荫下的安民大哥巧思置换为"书犹如此"。此刻我们刚刚做完一个读书会的活动，还沉浸在与书相关的信息中。"书犹如此，情何以堪吗？”我故意打起哈哈。大笑之余既而思之，却不得不缄默自省，书本面前，纸字面前，我们做的还不嫌少吗？

李辉大哥正好策划一套“副刊文丛”，他的初衷是把中国各地报纸副刊的作品，以不同编辑方式，予以整合，集中呈现，使纸媒副刊作品在互联网时代与新媒体的博弈中，以出版物的形式，留存历史，留存文化。想法令人起敬。文丛第一辑已于2017年1月北京图书定货会上强势推出，反响巨大。接下来第二辑中，我有幸忝列其中，成为“副刊文丛”大家族中的一员。李辉大哥报选题时询问书名，我不假思索地回答——《书犹如此》。

好像等了一百年，就为了这一刻。

全书共收录52篇文章，分别为2000年至2017年近17年间我在《深圳特区报》《深圳商报》《深圳晚报》《重庆日报》等国内报纸副刊上所刊登的专栏文章或是读书版上的书评、读书随想，有的谈书及人，有的因人论书，所涉无非书里书外、书人书事……皆因一个“书”字。其中专栏文章囿于篇幅，每篇1300字左右，如《王健壮与他的“寻父图”》《人物速写》《止庵的签名本》，寥寥数笔，刚开了头便要结束，感念“短文实难”；有的发表在读书版以专题形式展现，如《章念驰眼中的祖父章太炎》《裴亚红与新城市文学》，一个整版的容量达三四千字，又感念“长文不易”。回头再看十几年前的文字，像《由“润笔”想到台静农》《透过杜拉斯的作品看杜拉斯》，有的不免青涩稚嫩，但分明是成长的脚印，一路走来的见证，便赧然留下；近年的文章，有的是副刊特辑的编者前言，如《不敢轻易触碰的怀念》，悼念逝世的父亲，情不自已，也收录其间；另有一组写木心的文章，分别以《迟来之木心》《主义之讲》《幸亏听了木心的话》为标题上、中、下三篇刊登，以修正自己早前对木心文章的误读，这里也一并收入。长长短短的文字，这些年“涂鸦”了不少，真正要选入“副刊文丛”里，不免斟酌再三，拿起放下，几经筛选，最后在10万字的“大限”下终得有了这52个“姐妹弟兄”。

因篇目较多，故以“书之事”“书之悟”“书之人”“书之情”分为四辑，大致梳理一下脉络，使篇与篇之间有呼吸的节奏和互连的空间。究其根源，书、人、情、事皆无法断然分离，书中有故事，故事中有人，有人便离不开情，情与悟又发端于书……往复皆然，周而复始。

17年时间不算短，但在百年报纸副刊的长河里，在夏衍、沈从文、萧乾、刘北汜、冯亦代、柯灵、黄裳、袁鹰、姜德明、李辉……一大批不同时期的前辈“副刊大家”面前，它不过是沧海里一朵小小的浮泛的浪花而已。如果以此可为“中文报纸副刊漫长历史的美妙景象（李辉语）”存留那么一点点印迹，作为一名依然坚守在纸媒副刊的编辑和一名依然活跃在副刊领域的写作者，真心慨叹，书犹如此，夫复何求。

姚峥华

2017年2月6日

精品栏目荟萃

《副刊面面观》

《心香一瓣》

《纽约客闲话精选集　一》

《多味斋》

《文艺地图之一城风月向来人》

《书评面面观》

《上海的时光容器》

《谈艺录》

《问学录》

《名人之后》

《纽约客闲话精选集　二》

《编辑丛谈》

《本命年笔谈》

《国宝华光》

《半日闲谭》

《云泥鸿爪一枝痕》

个人作品精选

《踏歌行》

《家园与乡愁》

《我画文人肖像》

《茶事一年间》

《好在共一城风雨》

《从第一槌开始》

《碰上的缘分》

《抓在手里的阳光》

《阿 Q 正传》

《风吹书香》

《书犹如此》

《泥手赠来》

《住在凉山上》

《老解观象》

《犄角旮旯天津卫》

《歌剧幕后的故事》

《色香味居梦影录》

《走读生》

《回家》

《武艺十八般》

《一味斋书话》

《收藏是一种记忆》